Wenn ich in Gott hineinhorche

Täglich ein Text

Auswahl der Texte: Jakob Laubach

Anselm Grün

Wenn ich in Gott hineinhorche

Matthias-Grünewald-Verlag · Mainz

Der Matthias-Grünewald-Verlag ist Mitglied
der Verlagsgruppe engagement

3. Auflage 1998

Umschlag: Thomas & Thomas Design, Heidesheim
Druck und Bindung: Freiburger Graphische Betriebe

ISBN 3-7867-2050-9

Einführung

Der Verleger Dr. Jakob Laubach hat aus meinen Schriften Worte für jeden Tag ausgesucht. Für jeden Monat hat er jeweils ein Buch ausgewählt. So bilden die Texte jedes Monats einen inneren Zusammenhang. Die Worte wollen dazu anregen, jeden Tag unter ein Motto zu stellen. Wir sollen uns nicht in erster Linie von unseren Terminen bestimmen lassen, sondern vom Wort Gottes. Die hier ausgesuchten Worte verstehen sich als Deutung und Auslegung des Wortes Gottes in unser Leben hinein. Sie wollen unseren Blick schärfen, mitten in unserem Alltag Gott zu entdecken. Gott spricht uns an in jeder menschlichen Begegnung. Er redet zu uns in der Stille. Und er begleitet uns durch alles, was wir tun. Er geht all unsere Wege mit. Ja, mehr noch, er ist in uns. Mitten im Trubel unseres Alltags gibt es in unserem Herzen einen Raum des Schweigens, zu dem die Sorgen und Probleme, die uns bedrängen, keinen Zutritt haben. Es ist der „Ort Gottes“ in uns, von dem der wohl wichtigste Mönchsschriftsteller, Evagrius Ponticus (†399) spricht, der Raum, in dem Gott in uns wohnt. Die hier ausgewählten Texte wollen uns immer wieder daran erinnern, daß in uns etwas ist, über das diese Welt keine Macht hat. Sie wollen uns in die in-

nere Freiheit führen, damit wir unseren Alltag mit neuen Augen sehen, mit den Augen des Glaubens, die über die vordergründigen Probleme hinaussehen auf den Grund, der uns trägt, auf Gott, der in uns wohnt und uns von der Macht des Vordergründigen befreit.
Die Bücher, aus denen er die Texte genommen hat, sind in einem Zeitraum von fast 20 Jahren entstanden. Sie spiegeln somit die eigene spirituelle Entwicklung wider. Mein persönlicher Weg ist geprägt von der benediktinischen Spiritualität. Aber als ich 1964 in die Abtei Münsterschwarzach eintrat, da blieb mir zunächst vieles aus der Regel des hl. Benedikt fremd. Die Rebellion gegen „alte Zöpfe", die in den 68er Jahren das studentische Leben in Deutschland bestimmte, machte auch nicht vor den Klostermauern halt. Eine Gruppe von jungen Mönchen hat damals vieles in Frage gestellt, was uns die älteren Mitbrüder als Tradition vermittelt hatten. So suchten wir zunächst in der Zen-Meditation und in der Psychologie C.G. Jungs einen Weg, der für uns heute gangbar ist. Dabei hat uns die Begegnung mit Graf Dürckheim in unserem Leben als Mönche befruchtet. Von dieser Begegnung mit der Spiritualität des Ostens und mit der Jungschen Psychologie haben wir uns dann bewußt wieder unserer monastischen Tradition zugewandt und versucht, sie nicht nur für unseren eigenen Weg neu zu entdecken, sondern sie auch für die Men-

schen unserer Zeit auf ihrer Gottsuche fruchtbar werden zu lassen. Wir haben den Reichtum unserer christlichen Tradition entdeckt, ihre Weisheit und ihre heilende Wirkung auf uns.
Die Bücher, die ich geschrieben habe, spiegeln alle die Begegnung zwischen christlicher Tradition und Jungscher Psychologie wider, die meinen eigenen Weg geprägt hat. Sie sind aber nicht nur meine eigenen Gedanken, sondern sie sind hervorgegangen aus vielen Gesprächen mit Mitbrüdern, die den gleichen spirituellen Weg gegangen sind. Da ist vor allem Abt Fidelis Ruppert, der in Rom am monastischen Institut studiert hat und sich in der Spiritualität des alten Mönchtums am besten von uns auskennt. Er hat mich angeregt, die Schriften der Mönchsväter zu lesen und Vorträge für unsere gemeinsamen Kurse auszuarbeiten. Im Theologiestudium hatte ich mich mehr der modernen Theologie zugewandt und habe über die Erlösungslehre Karl Rahners promoviert. Das Studium der monastischen Literatur hat mir neue Horizonte eröffnet. Vieles, was ich geschrieben habe, ging auch aus Gesprächen mit P. Meinrad Dufner hervor. Im gemeinsamen Suchen entstanden neue Impulse und Ideen. So drückt sich in meinen Schriften die Spiritualität aus, die unsere Mönchsgemeinschaft in Münsterschwarzach zu leben versucht.
In den letzten Jahren durften wir dankbar erfahren, daß diese Spiritualität auch viele Menschen

außerhalb des Klosters anspricht, daß sie da auch für sich einen neuen Weg geistlichen Lebens gefunden haben. Sie spüren, daß die Spiritualität der frühen Kirche und des alten Mönchtums nicht moralisierend und angstmachend ist, sondern heilend und befreiend. Sie führt uns in die Begegnung mit dem Gott, der herausführt aus Ägypten, aus der Gefangenschaft unserer inneren Zwänge und Ängste, aus der Abhängigkeit von der Erwartung und Zuwendung der Menschen. Gott ist für die Mönche immer der befreiende Gott, der Gott, der uns befreit von der Macht dieser Welt, von der Macht gesellschaftlicher Maßstäbe und Meinungen. Und Gott ist der heilende Gott. Er ist der Arzt für Seele und Leib. Geistliches Leben ist für die Mönche immer Kunst des gesunden Lebens, Einübung in das wahre Leben, Einübung in die Freiheit und in die Lust am Leben.

Die Texte dieses Bandes möchten Ihnen helfen, Ihren eigenen spirituellen Weg zu finden. Sie wollen Sie jeden Tag begleiten, damit Sie Ihren Tag mit anderen Augen anschauen können. Sie wollen mitten im Trubel des Alltags eine Türe öffnen, durch die Gott bei Ihnen eintreten kann. Sie möchten die Frage nach Gott offenhalten mitten in einer Welt, die in sich selbst verschlossen ist. Die Öffnung Ihres Lebens auf Gott hin nimmt dem, was Tag für Tag auf sie einströmt, seine Macht. Wenn ich mich nur von dem bestimmen lasse, was ich

heute an Terminen zu erledigen habe, dann erlebe ich mich erdrückt von der Last meiner Arbeit. Aber wenn ich in der täglichen Meditation den Freiraum Gottes in mir erfahre, dann spüre ich diese Freiheit auch mitten in der Arbeit. Dann relativiert sich alles für mich. Denn es geht nicht darum, alle eigenen und fremden Erwartungen zu erfüllen, sondern Gott zu suchen in allen Dingen und immer und überall in Berührung zu sein mit dem Gott, der in mir wohnt. Wenn ich den Raum Gottes in mir spüre, dann wird mein ganzes Leben offen für Gott, dann erfahre ich mitten im Leben Gott als den heilenden und befreienden, als den Gott, der mir wahres Lebens schenkt, der mir in Jesus Christus die Fülle des Lebens bringt (Vgl. Joh 10,10).
Ich wünsche Ihnen, daß die ausgewählten Worte auch Sie in die Freiheit führen, zu der uns Jesus Christus befreit hat (Vgl. Gal 5,1), daß sich auch für Sie täglich eine Tür öffnet und Sie Gott erfahren als den heilenden und befreienden Gott, als den Gott, der Sie immer und überall einhüllt mit seiner liebenden Gegenwart, in der Sie ganz Sie selbst sein dürfen, in der Sie aufblühen zu der einmaligen Gestalt, die Gott Ihnen zugedacht hat.

Anselm Grün

Januar

1 Wenn einer nichts für sich behalten kann, sondern alles herausreden muß, Gutes wie Schlechtes, dann hat man von ihm den Eindruck, er hat keinen Tiefgang. Er kennt keine Geheimnisse. Er kann nicht mit Geheimnissen leben, er kann sie nicht aushalten. Dann kann er aber auch nicht tiefer in ein Geheimnis eindringen. Er zerstört es, indem er sofort davon reden will.

2 Wenn wir unser Reden genau beobachten, so ist ein großer Teil Reden über andere. Wir verbreiten uns ständig über andere. Die andern sind ja so interessant. Sie liefern stets neuen Gesprächsstoff. Auch wenn man positiv über andere reden will, man ertappt sich doch dabei, wie man urteilt, einstuft oder eben sich selbst mit ihnen vergleicht.

3 Man hält sich die eigene Wirklichkeit vom Leib, indem man vom andern spricht. Und doch ist es unschwer für jeden Beobachter zu erkennen, daß man ständig sich selbst verrät. Unser Reden verrät einem aufmerksamen Zuhörer, wie es um uns steht, woran wir denken, womit wir uns beschäftigen, womit wir innerlich nicht fertig werden.

4 Wer redet, will beachtet werden. Wer spricht, der erwartet, daß man ihm zuhört, daß man ihn ernst nimmt. Und häufig genug erwartet er, daß man ihn anerkennt, oder gar bewundert. Ohne daß man es merkt, dreht man die Worte so, daß man damit Anerkennung hervorrufen kann.

5 Schweigen meint nicht bloß, daß ich nichts rede, sondern daß ich die Fluchtmöglichkeiten aus der Hand gebe und mich aushalte, wie ich bin. Ich verzichte nicht bloß auf das Reden, sondern auch auf all die Beschäftigungen, die mich von mir selbst ablenken.

6 Im Schweigen zwinge ich mich, einmal bei mir zu sein. Wer das versucht, der entdeckt, daß es zunächst gar nicht angenehm ist. Es melden sich da alle möglichen Gedanken und Gefühle, Emotionen und Stimmungen, Ängste und Unlustgefühle. Verdrängte Wünsche und Bedürfnisse kommen ans Licht, unterdrückter Ärger steigt hoch, ausgelassene Chancen, nicht gesagte oder ungeschickte Worte fallen einem ein. Die ersten Augenblicke des Schweigens enthüllen uns oft unser inneres Durcheinander, das Chaos unserer Gedanken und Wünsche.

7 Das Schweigen ist wie eine Analyse unseres Zustandes, wir machen uns nichts mehr vor, wir sehen, was in uns vorgeht. Für viele ist diese Erfahrung so unangenehm, ja sogar belastend und beängstigend, daß sie sie nicht lange aushalten können. Sie müssen darüber sprechen, sie müssen ihre Probleme mit andern besprechen. Das hilft ihnen, mit ihren Spannungen zurechtzukommen.

8 Gerade weil viele Menschen heute unfähig zu echter Kommunikation sind, müssen sie es wieder lernen, sich auszusprechen und darin Befreiung von inneren Spannungen zu erfahren. Für viele ist es ein Problem, daß sie über das, was sie im Tiefsten verletzt, nicht sprechen können. Sie schlucken alles hinunter, fressen den Ärger, den Schmerz, die Enttäuschung in sich hinein.

9 Schweigen als Heilmittel. Das kommt uns vielleicht fremd vor, weil wir das Schweigen zu sehr mit Unterdrücken und Verdrängen in Zusammenhang bringen. Doch es kann ebenso hilfreich sein, Probleme erst einmal schweigend auszuhalten und nicht gleich darüber zu reden. Man kann innere Vorgänge und Prozesse auch zerreden. Für manche ist es fast eine Sucht, sich ständig über ihr Seelenleben zu verbreiten, sie kultivieren ihre Probleme, indem sie sie jedermann vorzeigen.

10 Benedikt wendet das Schweigen als Heilmittel für Brüder an, die bestraft und aus der Gemeinschaft ausgeschlossen wurden ... Das Schweigen soll dem gefallenen Bruder die Möglichkeit geben, in sich zu gehen, über sich zu trauern und die Verfehlung zu bereuen. Im Schweigen kann sich so in ihm die Heilung vollziehen. Würde er mit andern sprechen, würde er allzu leicht sich und sein Verhalten rechtfertigen.

11 Das Schweigen unterdrückt die Emotionen und Aggressionen nicht, sondern bändigt sie, bringt Ordnung in sie hinein. Durch das Reden werden die Emotionen immer wieder aufgewirbelt, im Schweigen können sie sich setzen.

12 Eine innere Erregung, die nach außen darf, wird verstärkt. Häufig verfestigt sich eine Erregung über einen andern, wenn sie geäußert wird. Ich bin dann dem andern gegenüber festgelegt. Ich suche meine erregten Worte nachträglich zu verteidigen. Das Schweigen kann ein Mittel sein, diese Erregung zuerst zu verarbeiten. Schweigen bedeutet nicht, daß man ohne Emotionen ist. Aber man versucht, die Emotionen zur Ruhe kommen zu lassen.

13 Es geht nicht darum, daß der Ärger einfach geschluckt wird. Das würde nur Magengeschwüre hervorrufen. Es geht um ein Verarbeiten. Das Schweigen kann jedoch auch Gift sein. Wenn einer meint, er brauche die andern nicht, er könne alles mit sich allein ausmachen, so heilt das Schweigen nicht, sondern isoliert.

14 Es kann durchaus nötig sein, den andern auf sein Ärger hervorrufendes Verhalten aufmerksam zu machen. Schweigen wäre in einem solchen Fall eine fromme Ausrede, um sich vor dem Gespräch mit dem andern zu drücken. Aber wenn ich nicht gleich meinen Ärger dem andern gegenüber zeige, sondern erst einmal schweige, dann kann ich eher erkennen, ob es sich lohnt, den andern anzusprechen und in welchem Ton ich das tun müßte.

15 Die Mönche fordern das Schweigen immer dann, wenn man einen andern sich verfehlen sieht und geneigt ist, ihn zu verurteilen. Weil die Verurteilung des andern blind macht für die eigenen Fehler, soll man schweigen. Im Schweigen kann man dann im Fehler des andern die eigenen entdecken.

16 Wir sind ständig damit beschäftigt, uns mit andern zu vergleichen. Damit wir selber bei diesem Vergleich gut abschneiden, setzen wir den andern herab. Wir entdecken in seinem Tun falsche Motive, eigensüchtige Absichten... Wenn wir darauf verzichten würden, den andern immer gleich einzustufen, zu beurteilen oder gar zu verurteilen, dann könnte uns das zu innerer Ruhe führen.

17 Wie oft schimpfen wir innerlich auf andere. Wir denken uns schweigend glänzende Reden aus, mit denen wir den andern fertig machen, ihm zeigen, daß wir im Recht sind, daß wir überlegen sind. Schweigend genießen wir dann unseren Groll und nähren ihn durch unser inneres Argumentieren und Schimpfen.

18 Schweigen und Reden sind keine Gegensätze, sondern ergänzen einander. Es käme darauf an, so zu sprechen, daß die Haltung des Schweigens nicht zerstört wird. Unser Sprechen ist ein Test, wie weit unser Schweigen echt ist. Wenn wir gelernt haben, innerlich zu schweigen, dann werden wir auch durch das Reden nicht aus dem Schweigen fallen.

19 Manche kontemplative Menschen scheinen einen Nachholbedarf im Sprechen zu haben, ein Zeichen, daß ihr Schweigen noch kein inneres

Schweigen war. Sie reden oft unkontrollierter als einer, der von Berufs wegen viel sprechen muß und sich eine gewisse Disziplin im Reden angewöhnt hat. Wenn wir sprechen, dann soll all das, was im Schweigen gewachsen ist, nicht wieder ausgerissen werden, sondern redend sollten wir das innere Schweigen bewahren.

20 Für manche ist das Schweigen eine Regression, ein Rückzug in die Verantwortungslosigkeit des Mutterschoßes. Diese Gefahr besteht vor allem für junge Menschen, die zu früh sich dem Schweigen als dem alleinigen Weg verschreiben wollen. Sie möchten sich im Schweigen weiter geborgen fühlen, sie weigern sich, sich vom Kampf des Lebens ihre Traumbilder zerstören zu lassen. So wird das Schweigen zu einem hartnäckigen Festhalten an sich selbst.

21 Wer redet, setzt sich immer den andern aus, er bietet eine Angriffsfläche, seine Worte können kritisiert, lächerlich gemacht werden. Er kann sich mit seinen Worten blamieren. Manch einer schweigt aus innerem Stolz heraus, um sich in seinen Worten keine Blöße zu geben. Er kann sich und das Bild seiner Vollkommenheit nicht loslassen.

22 Wenn im Schweigen alle möglichen Gedanken und Gefühle in mir auftauchen, so kann ich mit ihnen solange kämpfen, mich mit ihnen solange auseinandersetzen, bis sie zur Ruhe kommen … Oder ich nehme die Gedanken und Gefühle nicht so wichtig und lasse sie einfach los. Loslassen meint nicht, daß ich sie unterdrücke, daß ich mich also anstrenge, sie aus mir zu vertreiben, damit ich endlich Ruhe habe. Ich schaue vielmehr den Gedanken oder das Gefühl an und lasse es los, nehme es nicht so wichtig.

23 Wenn ich darauf vertraue, daß ich von Gott angenommen bin mit all den Gedanken, die mich quälen und bedrängen, dann werde ich frei von diesem Druck und dann lasse ich letztlich die Gedanken los. Auch wenn sie wiederkommen, ängstigen sie mich nicht und besetzen mich nicht mehr. Sie kommen und gehen, ich selbst aber bleibe innerlich frei, innerlich still und ruhig.

24 Es geht im Schweigen letztlich um einen inneren Thronwechsel. Nicht mehr ich selbst soll auf dem Thron sitzen, nicht mehr ich soll planen, wie mir meine frommen Übungen und meine religiösen Ideale einen Zuwachs an geistlichem Reichtum vermitteln können, sondern Christus soll in mir herrschen. Nicht ich und meine geistlichen Bedürfnisse stehen dann im Mittelpunkt, sondern

Christus, dem ich mich überlasse, indem ich mich selbst im Schweigen loslasse, indem ich das Heft aus der Hand gebe und Christus an und mit mir handeln lasse.

25 Es gibt in allen Religionen die Übung, seinen eigenen Tod vorauszumeditieren... Wenn wir uns vorstellen, wir würden drei Tage im Grabe liegen, was würde da alles im Grabe zurückgelassen? Alles, was an uns tot ist, sinnloser Ballast, Besitz, den wir mitschleppen, Meinungen, an denen wir festhalten, Rollen, die wir spielen, Masken, die wir tragen, all das würde von uns abfallen. Und wir könnten als neue Menschen aus dem Grab erstehen.

26 Die Vorstellung, im Grab zu liegen, ist eine Hilfe, daß das wahre Leben in uns sich entfalten kann. Das Unechte, alles, was uns am echten Leben hindert, soll abfallen ... Es ist keine Flucht vor dem Kampf, den das Leben von uns fordert, sondern es ist eine Hilfe, das wahre Leben zu gewinnen, die Auferstehung Christi an sich mitten in seinen Aufgaben, mitten in seinem Alltag zu erfahren.

27 Im Schweigen wandert der Mönch aus aus dieser Welt. Er verzichtet darauf, überall seinen Kommentar dazuzugeben ... Denn die Gestalt

dieser Welt vergeht. Er maßt sich nicht an, sie zu beurteilen, weil er sie von Gott gelenkt weiß. So läßt er die Welt Welt sein und geht seinen Weg zu Gott durch die Welt wie durch fremdes Land, in dem er sich nicht niederlassen darf.

28 Das Schweigen ist die innere Haltung, in der ich mich für diese Wirklichkeit des mich umgebenden Gottes aufschließe. Sie ist also mehr als Nicht-Reden. Nicht reden kann ich auch mit zusammengebissenen Zähnen. Für Gottes Gegenwart kann ich mich jedoch nur öffnen, wenn ich mich mit dem ganzen Leib aufmache, wenn ich mich nicht festhalte, sondern den Panzer meiner Haut aufbreche, um Gottes Gegenwart durch den Leib strömen zu lassen. Wenn ich so im Leibe offen durch die Natur gehe, dann fühle ich mich eingehüllt von Gottes Gegenwart, einer Gegenwart, die nicht bedrückt, sondern befreit und heilt, in der ich mich daher auch körperlich wohl fühle.

29 Das Schweigen dient dem Hören auf das Wort Gottes und dem Beten … Es ermöglicht eine Atmosphäre, in der man beten kann. Und es bewahrt das, was im Gebet gewachsen ist. Wer nach dem gemeinsamen Gebet sofort wieder spricht, kann die Frucht des Gebetes nicht halten. Die Sammlung verfliegt, er gießt aus, was sich in ihm gesammelt hat. Das Schweigen läßt dagegen das

Gebet noch nachklingen und sich im Herzen niedersetzen.

30 Das Schweigen ist zunächst eine Hilfe, um überhaupt beten zu können, um seinen Geist auf Gott zu richten, um in der lectio divina gesammelt auf Gottes Wort zu hören. Doch wer weit genug im geistlichen Leben fortgeschritten ist, wird das wortlose Beten, ja sogar das bildlose Beten entdecken. Doch diese Art zu beten ist letztlich Geschenk von Gottes Gnade. Sie kann nicht als Technik geübt werden.

31 Wir lassen alle Erwartungen los, die Erwartung einer intensiven Gotteserfahrung, die Erwartung beglückender Gefühle. Wir lassen unsere Bilder und Vorstellungen los, wir lassen uns selbst los. Wir brauchen Gott nichts vorzuweisen, keine erbaulichen Gedanken, keine frommen Gefühle. Wir sind einfach vor Gott und schweigen. Wir halten unser leeres Herz in seine Gegenwart, um es von seiner unaussprechlichen und nicht mit Worten zu beschreibenden Liebe erfüllen zu lassen.

Februar

1 Das Fasten ist in den letzten Jahren von der Medizin und von der Meditationsbewegung neu entdeckt worden … Doch die Kirche steht bei der Wiederentdeckung des Fastens und seiner Wirkung abseits. Sie hat das Fasten als Ausdruck ihres Glaubens und Betens weitgehend vergessen … Man hat Leib und Seele voneinander getrennt. Das Fasten wurde zu einer rein geistigen Haltung. Man betonte den Geist des Fastens und verstand darunter die innere Freiheit gegenüber den Dingen dieser Welt, geistige Umkehr und Erneuerung. Man schaute fast verächtlich auf das rein körperliche Fasten herab und merkte dabei gar nicht, daß mit dem körperlichen Fasten auch der Geist des Fastens verschwand. Und die Kirche hatte sich vor dem Konzil mit einer Reihe von Fastengeboten begnügt, ohne den Sinn und das Ziel des Fastens verständlich zu machen.

2 Die Kirche hat das Fasten nicht erfunden, sondern die Praxis des Judentums und die Anschauungen der griechisch-römischen Welt über das Fasten übernommen und weiterentwickelt … Die Juden verstanden das Fasten einmal als flehentliche Bitte zu Gott, als Zeichen, daß sie es ernst

mit ihrem Beten meinten, dann aber auch als Sühne und Buße.

3 In der Antike hat man ganz bestimmten Speisen besonderen dämonischen Einfluß zugeschrieben. So meinen die Pythagoreer, daß man im Fleisch eines getöteten Tieres dessen dämonische Seele in sich aufnehme. Daher verbieten sie den Fleischgenuß. Andere Richtungen sehen nur in bestimmten Tieren die Dämonen am Werk... Die Dämonen können jedoch auch in Pflanzen wirksam sein. So verbieten die Pythagoreer den Genuß von Bohnen, weil dort die Seelen der Verstorbenen wohnen und in uns unruhige und quälende Träume verursachen. Ein Grund für viele Fastenvorschriften ist daher der Schutz vor dämonischer Infizierung. Weil man nicht krank werden will, enthält man sich der Speisen, die einen Krankheitsdämon in sich tragen.

4 Die griechischen Philosophenschulen erwarten sich vom Fasten aber nicht nur Schutz vor Krankheiten und dämonischen Einflüssen, sondern eine Reinigung des Geistes, innere Zufriedenheit, Freiheit und Glück. Sie sehen es im Zusammenhang mit ihrem Lebensziel. Das Ziel der Kyniker z.B. war die Selbstgenügsamkeit, die Fähigkeit, auf alle nicht zur Existenz notwendigen Bedürfnisse zu verzichten. Der Weg zu diesem Ziel

war für sie das Fasten … Eine einfache Lebensweise verlangt auch das „epikuräische Ideal der ungestörten individuellen Seelenruhe“. Es geht also bei den antiken Philosophenschulen immer um den ganzen Menschen, um die Erreichung seines endgültigen Zieles.

5 Was auf den ersten Blick als primitive Volksmedizin erscheint, enthüllt uns bei einem Vergleich mit den Erkenntnissen heutiger Fastenmedizin erst ihre eigentliche Bedeutung … Im Fasten werden schädliche Stoffe ausgeschieden, der Körper wird entschlackt und somit von manchen Krankheiten befreit. Das Fasten baut die überalterten Zellen ab und regt dadurch die Neubildung von jugendlichen Zellen an … Am besten schlägt die Fastenkur bei Krankheiten an wie Rheuma, Arthritis, bei Arteriosklerose und bei Hautkrankheiten. Diese Erkenntnisse der heutigen Fastenmedizin waren, wie wir oben sahen, schon in der antiken Volksmedizin bekannt.

6 Im Fasten entdecke ich erst einmal, wer mein Gegner ist. Mit gutem Essen und Trinken kann ich vieles verdrängen. Meine tief im Herzen sitzende Unlust und Leere können gar nicht hochkommen. Im Fasten begegne ich mir selbst, begegne ich den Feinden meiner Seele, dem, was mich innerlich gefangen hält.

7 Gerade wenn ich im Fasten bewußt die vielen Ersatzbefriedigungen aus der Hand lege, die mich oft genug betäuben oder blind machen, erkenne ich meine innerste Wahrheit. Im Fasten nehme ich die Hülle weg, die über meinen brodelnden Gedanken und Gefühlen liegt. So kann alles hochsteigen, was in mir ist, meine unerfüllten Wünsche und Sehnsüchte, meine Begierden, meine Gedanken, die nur um mich kreisen, um meinen Erfolg, um meinen Besitz, um meine Gesundheit, um meine Bestätigung, und um meine Gefühle wie Zorn, Bitterkeit und Traurigkeit.

8 Als Jesus 40 Tage in der Wüste gefastet hatte, da trat der Versucher an ihn heran, da wird Jesus mit der eigentlichen Gefährdung seiner Sendung, seines Menschseins konfrontiert, mit der Möglichkeit des Scheiterns und des Sich-verweigerns Gott gegenüber. Die Versuchungsgeschichte beschreibt letztlich unser aller Gefährdung.

9 Die Versuchungsgeschichte zeigt, wie wir unser Menschsein verfehlen können. Dabei ist es gerade das Fasten, das uns unsere Gefährdungen vor Augen hält. Jesus fastet in der Wüste. Fasten und Wüste gehören zusammen. Beide konfrontieren uns mit der eigenen Nacktheit. Sie nehmen uns die Hülle weg, hinter der sich unsere eigentlichen Wünsche und Gedanken verbergen.

In der Wüste haben wir keinen Schutz, hinter dem wir uns verstecken können. Und das Fasten macht uns in dieser Schutzlosigkeit noch verwundbarer. Wir haben nichts mehr, womit wir die hochsteigende Leere zustopfen und die sich zu Wort meldenden Begierden und Bedürfnisse verdrängen können. Schonungslos werden wir mit den Kräften konfrontiert, die um die Herrschaft in uns kämpfen. Es geht letztlich darum, ob wir Gott oder dem Satan die Herrschaft in uns einräumen.

10 Wenn das Fasten uns stolz macht, dann ist das immer ein Zeichen, daß wir sehr hart mit unseren Trieben umgehen. Wir glauben dann, die Triebe aus eigener Kraft beherrschen zu können. Wir wollen das „Tier" in uns unterdrücken, seine Kraft brechen und dadurch vor den andern besser dastehen.

11 Wenn jemand fastet und dabei stolz wird, hat er das Wesen des Fastens nicht verstanden. Das echte Fasten macht den Menschen immer demütig ... Wie ist das zu verstehen? Zunächst konfrontiert uns das Fasten mit uns selbst, mit all unseren Wünschen und Bedürfnissen, mit unseren Gedanken und Gefühlen, mit unseren Schattenseiten. Die Erkenntnis des eigenen Schattens macht schon ein Stück demütiger. Das Fasten führt uns darüber hinaus an die eigene Grenze. Es zeigt

uns sehr deutlich auf, daß wir uns über unseren Leib nicht erheben können.

12 Wer hungrig vor Gott sitzt, der spürt seine Sehnsucht nach Erfüllung. Er fühlt mit seinem Leib, daß er auf die Erfüllung von außen angewiesen ist und er erfährt hautnah, daß er Materie ist und den Gesetzen der Materie unterworfen. Der Leib fordert sein Recht. Der Geist kann ihn nicht wie einen Sklaven behandeln. Er muß auf ihn hören und Rücksicht auf ihn nehmen. Diese Erfahrung macht uns demütig.

13 Das Fasten ist kein Wüten gegen den Leib und seine Gesetze, kein verzweifelter Versuch unseres Geistes, sich über den Leib zu erheben. Es ist vielmehr ein Weg, immer mehr an die eigene Wahrheit heranzukommen, ein Weg, auf dem wir gut mit uns umgehen müssen, auf dem wir den guten Kern in uns von den Fesseln befreien, die sich um ihn geschlungen haben. Wir kämpfen im Fasten nicht gegen uns selbst, sondern gegen die Feinde der Seele, die uns davon abhalten wollen, wir selbst zu werden, Söhne Gottes, die nach Gottes Bild geschaffen sind.

14 Für die Christen gehört das Almosen wesentlich zum Fasten … Almosen, Fasten und Beten sind auch für Jesus die Weise, wie wir ihm nach-

folgen sollen. Doch sobald diese Werke der Frömmigkeit vor den Menschen getan werden mit der Absicht, von ihnen gelobt und anerkannt zu werden, werden sie wertlos. Denn dann kommt man in diesen Frommen Werken nicht von sich selbst los …

Im Grunde erliegt man den Versuchungen, die Jesus in der Wüste fastend bestanden hat. Man benutzt Gott und die Frömmigkeit nur, um seine Geltungssucht und Machtgier zu befriedigen.

15 Die Einheit von Leib und Seele zeigt sich gerade auch in der engen Verbindung von Gebet und Fasten. So wie zum Beten die leibliche Gebärde gehört, so auch das körperliche Fasten. Das Fasten intensiviert das Gebet … Mein Beten bleibt dann nicht bloß im Kopf, es reduziert sich nicht auf ein paar Gedanken oder Worte, sondern umfaßt meine ganze Existenz. Ich flehe mit Leib und Seele zu Gott, ich bekenne mit meinem Fasten, daß ich selbst hier gar nichts ausrichten kann, daß ich allein auf Gottes Hilfe angewiesen bin.

16 Das Fasten stärkt das Beten, weil es den Beter wacher macht. Essen macht satt und schläfrig. Im Fasten wird man wach und offen für das Geistige, offen für Gott, durchlässiger für Gottes Geist. Daher wird auch bei Meditationskursen gerne gefastet, da das Fasten die Meditation unter-

stützt. Mit vollem Magen kann man nicht gut beten, oder zumindest wird das Beten leicht einen selbstzufriedenen Charakter annehmen. Man verwechselt dann sein leibliches Wohlergehen mit dem Wohlwollen Gottes.

17 Das fastende Beten hat nach den Zeugnissen der Heiligen Schrift und der Mönchsväter noch einen andern Charakter, den Charakter der Buße und Sühne. Im Fasten bekennt sich der Mensch vor Gott als Sünder und zeigt, daß er an seiner Sünde nicht festhalten will, sondern sich wieder neu Gott zuwenden möchte.

18 Früher war die enge Verknüpfung von Fasten und Eucharistie den Christen bewußter, weil sie vor Empfang der Kommunion nüchtern sein mußten ... Doch auch ohne das Fasten vor der Kommunion besteht eine enge Beziehung zwischen Eucharistie und Fasten ... Das Fasten hat im Grunde immer eine positive Funktion. Es will uns das Essen und Trinken nicht mißgönnen, sondern vergeistigen.

19 Bei vielen Völkern wird das Fasten angewandt, um ekstatische Zustände, Träume und Visionen hervorzurufen ... Durch das Fasten werden die Sinne geschärft. Und das läßt sich am deutlichsten in den Augen ablesen. Sie werden wacher, leuch-

tender, lebendiger und scheinen mehr und intensiver zu sehen ... Das Fasten öffnet uns den Blick dafür, daß Gott in uns ist, und im Fasten haben wir bereits teil an der künftigen Wirklichkeit, am Reiche Gottes.

20 Das Fasten vergeistigt unseren Leib, es entzieht ihn der Herrschaft des Bauches und macht ihn den irdischen Bedürfnissen gegenüber freier. Es verhilft uns zu dem geistigen Leib, von dem Paulus im Korintherbrief spricht (1 Kor 15,44), und läßt uns jetzt schon teilhaben an der Auferstehung Christi ... Es schenkt geistliche Freude. Und so kann es auch nur in „der Freude des hl. Geistes" geübt werden, wie Benedikt in seiner Regel schreibt.

21 Wer zu fasten beginnt, der erfährt zunächst die Gebrochenheit seiner Existenz, er spürt die Beschwerden, das Hungergefühl, vielleicht Kopfweh und Schwäche. Doch wer sich von diesen Erfahrungen nicht abschrecken läßt, kann mit der Zeit immer mehr die beglückende Seite des Fastens erleben, daß das Fasten ihn befreit von der Herrschaft der Begierden, daß es ihn geistiger und wacher macht und daß es ihn für die Wirklichkeit Gottes öffnet, für das neue Leben in ihm, das in der Auferstehung Christi jetzt schon für uns aufgebrochen und gegenwärtig ist.

22 Von der Tiefenpsychologie her versteht C.G. Jung das Fasten als einen Zugang zum Unbewußten. Der Hunger treibt normalerweise das Kind zur Mutter. Das Fasten durchbricht diese Regression, das Zurück zu Mutter ... Jung beschreibt in seinem Buch „Symbole der Wandlung", wie der Mensch nur dadurch innerlich weiterkommt und reif wird, daß er seine Libido, seine psychische Energie, nicht in einer Regression nach rückwärts richtet, hin zur Mutter, sondern auf ein Symbol ... Im Fasten lenkt er seine Libido auf ein Symbol, auf das Unbewußte oder religiös ausgedrückt, auf Gott, und befreit sie dadurch aus der „Abhängigkeit und Unfreiheit, welche das Verhältnis zu den Eltern kennzeichneten", aus dem unbewußten Zwang, unter dem ein infantil gebliebener Mensch steht, aus der „Unbeherrschtheit und dem Ausgeliefertsein an die Affekte".

23 Das Unbewußte, dem man sich im Fasten öffnet, kann einen überschwemmen. Man kann die Orientierung verlieren, im Unbewußten versinken oder aber in einer Art Inflation sich mit den unbewußten Inhalten identifizieren, Gott also für sich vereinnahmen. Es sind die gleichen Gefahren, die die Evangelien in der Versuchungsgeschichte Jesu schildern: die Gefahr, Gott und die göttlichen Kräfte für sich und seinen Ruf bei den Menschen zu mißbrauchen. Daher sollte man in Begleitung

eines erfahrenen Menschen oder von vornherein in Gemeinschaft fasten, wie es die Kirche ja immer praktiziert hat.

24 Wie jedes gute Mittel birgt auch das Fasten Gefahren in sich, wenn das rechte Maß verlorengeht. Die erste Gefahr scheint mir eine gewisse Lebensverneinung zu sein. Man gönnt sich nichts mehr, weil irgendwo auf der Welt einer noch weniger zu essen hat. Man läuft ständig mit einem schlechten Gewissen herum, ob man nicht mit noch weniger auskommen könnte. Man verzichtet, um andern zu helfen. Doch oft genug gönnt man schließlich weder sich noch dem andern etwas. Das Verzichten wird zu einer negativen Lebenseinstellung, die keinen Raum mehr für Feste und Feiern läßt, und die ständig auch die andern am eigenen Verzicht mißt und ihnen letztlich nichts gönnt.

25 Eine weitere Gefahr ist die Verneinung des Leibes. Fasten kann leicht zur Magersucht entarten. Dann wird es zu einer psychischen Krankheit, die sich nur schwer heilen läßt. Magersucht entspringt der Ablehnung der eigenen Leiblichkeit und Geschlechtlichkeit. Man lehnt seinen Leib ab, so wie Gott ihn geschaffen hat. Doch man merkt diese Auflehnung Gott gegenüber gar nicht, weil man sein Fasten ja gerade mit religiösen Grün-

den motiviert. So wendet man sich um Gottes willen gegen Gott.

26 Oft ist das Fasten mit Angst verbunden. Manche fasten aus Angst, sie könnten etwas Schädliches essen. Sie lesen immer neue Bücher über gesunde Ernährung. Sicher ist die Sorge um die richtige Ernährung berechtigt. Denn es gibt viele, die sich heute zu Tode essen, weil sie alles wahllos in sich hineinstopfen ... Doch auf der andern Seite hilft es auch nicht, wenn wir ängstlich nur noch auf ganz reine und gesunde Nahrung bedacht sind und voller Angst auf mögliche Giftstoffe starren. Man kann diese heute weit verbreitete Angst vor schädlichen Stoffen in der Nahrung durchaus mit der Dämonenangst der Antike vergleichen.

27 Übertreibungen und Mißverständnisse schleichen sich bei jeder Bewegung ein, so eben auch bei der Fastenbewegung. Doch das soll uns nicht davon abhalten, vernünftig und sinnvoll zu fasten. Wir wollen dabei die Erfahrungen der kirchlichen Tradition aufgreifen und nach Formen heutiger Verwirklichung fragen. Da wäre zunächst an die traditionelle 40-tägige Fastenzeit zu denken. Man sollte sie nicht dadurch verwässern, daß man in ihr nur Geld für gute Zwecke sammelt oder sich

Verzichte im Fernsehkonsum auferlegt. Die Fastenzeit meint wirkliches Fasten, Fasten mit Leib und Seele.

28 Eine weitere Belebung sollte die Karwoche als Vorbereitung auf Ostern erfahren. Wer es sich leisten kann, der sollte die ganze Woche vollständig fasten. Doch dann wäre es gut, es in Gemeinschaft zu tun. Denn allein eine Woche lang in seiner gewohnten Umgebung zu fasten, fällt sehr schwer. Das gemeinsame Fasten sollte wie in der alten Kirche mit gemeinsamen Gebetszeiten verbunden sein.

März

1 Wir wissen alle, daß wir eines Tages sterben werden. Aber das verdrängen wir lieber. Das prägt nicht unser Leben. Daher ist eine wichtige Übung des geistlichen Lebens für den hl. Benedikt, sich täglich den Tod vor Augen zu halten. Diese Übung empfiehlt Benedikt nicht, um mit traurigem Gesicht durch die Welt zu laufen, sondern um das Leben auszukosten, um „Lust am Leben“ zu haben.

2 Sich vor Augen halten, daß wir sterben werden, heißt menschlich leben, so leben, wie es unserer menschlichen Existenz entspricht, die ja sterblich ist. Und es heißt für mich, achtsam und wach zu leben, mir immer wieder des Geheimnisses inne zu werden, daß ich da bin, daß ich atme, daß ich fühle, daß ich lebe, daß ich einzigartig bin auf der Welt, daß es einen Aspekt von Gott gibt, den nur ich in dieser Welt ausdrücken kann. Das Denken an den Tod dient dem Leben.

3 Der Tod rückt die Maßstäbe für das Leben zurecht. Er verweist mich auf das, woraus ich eigentlich leben kann. Das schenkt mir Freiheit. Natürlich lebe ich gerne, ich hänge am Leben, so

daß trotz aller Meditation und trotz allen Glaubens ein Stück Angst vor dem Tod bleibt. Und ich bitte darum, daß Gott mir ein langes Leben schenkt, damit es reiche Frucht bringen kann, damit ich vielen Menschen helfen darf, daß ich die Höhen und Tiefen des Lebens auskoste und daß die Zeit bleibt, die persönliche Botschaft meines Lebens auch angemessen zur Sprache zu bringen.

4 Mich fasziniert das Wort, das Mozart vier Jahre vor seinem eigenen Tod an seinen sterbenden Vater schreibt: „Da der Tod (genau zu nehmen) der wahre Endzweck unseres Lebens ist, so habe ich mich seit ein paar Jahren mit diesem wahren, besten Freunde der Menschen so bekannt gemacht, daß sein Bild nicht allein nichts Schreckendes mehr für mich hat, sondern recht viel Beruhigendes und Tröstendes! Und ich danke meinem Gott, daß er mir das Glück gegönnt hat, mir die Gelegenheit (Sie verstehen mich) zu verschaffen, ihn als den Schlüssel zu unserer wahren Glückseligkeit kennen zu lernen" (Brief vom 4.4.1787).

5 Ein anderer Gedanke ist mir wichtig geworden, wenn ich an den Tod denke. Ich möchte in dieser Welt Spuren meiner Liebe hinterlassen, Spuren, die bleiben und einen Weg weisen, Spuren, an die andere gerne sich erinnern, Spuren, auf denen andere weiter suchen können. Als Jesus

wußte, daß seine Stunde des Sterbens gekommen war, da erwies er seinen Jüngern seine Liebe nochmals auf eindrückliche Weise ... Er wäscht den Jüngern die Füße, Zeichen einer Liebe, die sich ganz und gar entäußert.

6 Jesus hält den Jüngern eine Abschiedsrede. Darin sagt er ihnen nochmals, was ihm in seinem Leben wichtig war. Er verheißt ihnen, daß er bei ihnen sein wird, wenn er zum Vater gegangen ist, und daß er wieder kommt, damit auch sie dort sind, wo er ist. Es sind Worte der Liebe, die den Tod überdauern.

7 Im Tod wird von uns verlangt, uns radikal in Gottes Hände fallen zu lassen. Dieses Loslassen üben wir ein Leben lang ein. Was im Tod geschieht, ist immer schon anwesend in unserem Leben ... Unser ganzes Leben besteht aus solchen Schritten des Loslassens. Neues kann nur wachsen, wenn wir Altes loslassen. Sterben hat mit Geborenwerden zu tun. Aber das Neue kann nur geboren werden, wenn etwas Altes stirbt.

8 Was im Tod geschieht, hat uns Jesus am Kreuz vorgelebt. Jesus hat den Menschen die Nähe des Reiches Gottes verkündet ... Am Kreuz mußte er sein Werk loslassen, für das er sich mit all seiner Kraft eingesetzt hatte. Er mußte die Menschen

loslassen, die er liebte, deren Wunden er geheilt und denen er die Frohe Botschaft verkündet hat. Und dann mußte er seine Vorstellung von Gott loslassen. Und schließlich mußte er sich selbst in Gottes liebende Hände fallen lassen.

9 Jesus ist am Kreuz keinen erbaulichen und heroischen Tod gestorben. Es war der schändlichste Tod, den die Antike kannte, am Kreuz vor den Augen der Gaffer mit der Atemnot und dem Tod kämpfen zu müssen. Jesu Tod am Kreuz zu meditieren heißt für mich, auch die Sehnsucht nach einem erbaulichen Tod loszulassen. Ich kenne in mir den Wunsch nach einem erbaulichen Tod, daß Menschen mich umstehen, die mir am Herzen liegen, daß ich klar bei Verstand bin, daß ich noch einmal ausdrücken kann, wofür ich gelebt habe und wofür ich sterben möchte. Aber Ja zu meinem Sterben sagen heißt für mich auch, Ja zu sagen zu dem Tod, den Gott für mich bereitet hat, der vielleicht nicht so schön und harmonisch sein wird, wie ich das ersehne.

10 Man hat überall auf der Welt die Nah-Todeserlebnisse gesammelt, Erlebnisse von Menschen, die klinisch tot waren … Mit diesen Nah-Todeserlebnissen kann man nicht das Leben nach dem Tod oder das ewige Leben beschreiben. Sie sind kein Blick ins Jenseits. Aber für mich ist es

trotzdem sinnvoll, sich mit diesen Erfahrungen zu beschäftigen. Immerhin stimmen sie in manchen Punkten mit der christlichen Tradition überein, daß wir im Tod der eigenen Wahrheit begegnen werden. Die klinisch Toten haben wie in einem Film ihr ganzes Leben nochmals angeschaut und vor Gott bewertet. Sie erkennen sich darin und alles, was sie getan haben und was an ihnen geschehen ist, im Lichte Gottes auf neue Weise. Für manche ist die Begegnung mit der eigenen Wahrheit erschreckend, für andere ist es der Augenblick, in dem sie sich aussöhnen mit ihrer Lebensgeschichte und den Sinn all dessen erkennen, was geschehen ist.

11 Man hat versucht, die Nah-Todeserlebnisse medizinisch oder psychologisch zu erklären, etwa als Erfahrungen, die man in ganz bestimmten neurologischen Zuständen macht, oder als Halluzinationen und Einbildung. Man darf diese Erfahrungen sicher theologisch nicht überbewerten. Aber für mich sind sie auch ein Indiz dafür, daß wir im Tod dem liebenden Gott begegnen werden und daß wir auch die Menschen wiedersehen, die uns im Tod vorausgegangen sind. Von vielen Heiligen wird ja berichtet, daß sie vor ihrem Tod vom Wiedersehen im Himmel gesprochen haben. Solche Erfahrungen beweisen nicht das Leben der Auferstehung, aber sie können bei vielen den Glau-

ben an das ewige Leben stärken und die Angst vor dem Tod nehmen.

12 Der Gott, dem wir im Tod begegnen, ist nicht der Richter- oder Buchhalter-Gott, sondern immer der liebende Gott, der uns als warmes und anziehendes Licht erscheint: „Gott ist Licht, und keine Finsternis ist in ihm“ (1 Joh 1,5). Wenn wir uns von der Liebe Gottes anziehen lassen, wenn wir uns für diese Liebe entscheiden, dann sind wir im Himmel, dann ist unser Leben für immer gerettet. Wir brauchen dabei keine Angst zu haben, ob wir in unserem Leben genügend gute Taten vollbracht haben oder nicht. Da ist keine Waage, auf der alles genau gewogen wird, kein Buch, in das alles eingetragen wurde, was wir getan haben. Entscheidend ist, daß wir uns mit all dem, was wir gelebt haben, auch mit allem Ballast und mit aller Schuld diesem Gott ergeben.

13 Die Kirche hat die Lehre des Origines von der Heimkehr aller Menschen zu Gott, von der Allerlösung, als Gewißheit verworfen. Wir müssen damit rechnen, daß der Mensch auch scheitern kann, daß er frei ist, sich Gott gegenüber zu verschließen ... Daher müssen wir mit der Möglichkeit der Hölle rechnen. Aber zugleich dürfen wir

hoffen, daß die Hölle leer ist. Wir dürfen der Liebe Gottes vertrauen, daß sie stärker ist als der Haß und die Selbstverschließung der Menschen.

14 Die Kirche hat noch von keinem Menschen behauptet, daß er in der Hölle ist, während sie von den Heiligen definitiv sagt, daß sie im Himmel sind… Das Wort von der Hölle soll uns nicht Angst machen, sondern zu einem intensiven Leben ermutigen. Natürlich kenne ich genügend Menschen, denen man in ihrer Erziehung mit der Hölle gedroht hat, die in ständiger Angst vor der Verdammung lebten… Man hat ihnen ihre Würde genommen. Denn man hat ihnen einen Gott gepredigt, der sie nicht sein läßt in ihrer Einmaligkeit und Unantastbarkeit.

15 Im Tod werden wir unserer eigenen Wahrheit begegnen. Keiner kann an seiner Wahrheit vorbei. Das ist das Gericht, von dem die Tradition spricht. Insofern hat auch dieser Begriff im Zusammenhang mit dem Tod seine Berechtigung. Aber nicht Gott wird von außen her über den Menschen richten. Vielmehr wird der Mensch sich selbst zum Gericht, indem er mit der Wirklichkeit seines Lebens konfrontiert wird. Gericht meint, daß es um das Richtigsein geht. Der Mensch wird aufs neue ausgerichet nach Gott. Und das kann sehr weh tun.

16 Es ist gut und sinnvoll, für die Verstorbenen zu beten. Aber soll einer nach 20 Jahren noch dafür beten, daß sein verstorbener Vater aus dem Fegefeuer in den Himmel kommen möge? ... Das Beten für die Verstorbenen hat natürlich immer Sinn. Aber es verwandelt sich. Zu Beginn ist das Beten Fürbitte, daß der Verstorbene sich für Gott entscheidet, daß er den Sprung in die Liebe Gottes schafft. Dann wird es zu einem Gebet, das mich mit dem Verstorbenen verbindet, zu einem Gebet, in dem mir das Geheimnis des Verstorbenen aufgeht, in dem mich der Verstorbene auf das eigentliche Ziel meines Lebens hinweist. Und es wird dann oft auch zu einem Gespräch mit dem Verstorbenen und zu einer Bitte an ihn, mich zu begleiten und mich zu bewahren vor einem Verfehlen meines Lebens.

17 Als Christen glauben wir nicht nur an die Unsterblichkeit der Seele, sondern daran, daß Gott selbst in der Auferstehung der Toten an uns wirkt und uns verwandelt und erneuert. Deshalb sprechen wir nicht einfach vom Fortleben nach dem Tod, als ob das ganz natürlich sei, sondern von der Auferstehung bzw. Auferweckung der Toten.

18 Für mich gibt es durchaus eine Verbindung der griechischen Unsterblichkeitshoffnung mit dem biblischen Glauben an die Auferstehung der Toten. Ich glaube daran, daß ich als Person auch im Tod nicht aus der Liebe Gottes herausfallen werde, daß Gott mich im Tod auferweckt und verwandelt zu der Gestalt, die er uns in der Bibel verheißen hat. Für mich ist die Auferstehungshoffnung begründet in der Gewißheit des hl. Paulus: „Weder Tod noch Leben, weder Engel noch Mächte … können uns scheiden von der Liebe Gottes, die in Christus Jesus ist, unserem Herrn“ (Röm 8,38f)

19 Wir haben nicht nur eine unsterbliche Seele. Wir werden vielmehr mit Leib und Seele in den Himmel aufgenommen. Die Frage ist, wie wir das verstehen sollen. Früher meinten manche Theologen, daß die Seele im Tod vom Leib getrennt werde und für sich weiterleben werde … Leib (soma) im biblischen Sinn meint nicht den Körper, sondern den Menschen, insofern er in dieser Welt lebt, insofern er mit andern Menschen zusammen existiert, sein Selbst, seine Person mit ihrer konkreten Geschichte. Diese unsere Person fällt im Tod nicht aus der Liebe Gottes heraus.

20 Die meisten Theologen sehen die Auferstehung des Menschen unmittelbar nach dem Tod. Das jüngste Gericht, von dem die Bibel spricht,

ist nicht ein eigener Akt Gottes am Ende der Zeiten ... Im Tod jedes Menschen geschieht jüngster Tag, da wird die Zeit jung, von Gott her erneuert. und der Tod jedes Menschen ist das Ende unserer Zeit, da kommt ein Stück Geschichte zu Ende ... Auferstehung des Fleisches meint gerade auch Hoffnung für die Pflanzen und Tiere, Hoffnung für die gesamte Natur. Wenn wir mit Leib und Seele zu Gott kommen, dann gehört dazu auch unser Bezug zur Schöpfung.

21 Man darf sich das Ende der Welt nicht bloß auf der gesellschaftlichen und kosmischen Ebene denken. Vielmehr drückt es auch eine innere Erfahrung aus. Im Tod kommt die Welt mit an ein Ende. Da wird die Welt mit ihren Maßstäben, daß die Stärkeren über die Schwächeren siegen, entmachtet. Da hat die Vergänglichkeit und Sterblichkeit, da hat die Not und Plage ein Ende: „Der Tod wird nicht mehr sein, keine Trauer, keine Klage, keine Mühsal. Denn was früher war, ist vergangen" (Offb 21,4). Das Reich Gottes wird sichtbar. Gott wird in allem und durch alles hindurch offenbar. Er wird alles durchdringen und bestimmen.

22 Wenn wir mit Leib und Seele in den Himmel kommen, dann heißt das, daß alle unsere Erfahrungen, die wir während unseres Lebens hier

auf der Erde machen, daß unsere Beziehungen, unsere Liebe, unsere Sehnsucht, unsere Hoffnung, in Gott hinein aufgenommen und für ewig gerettet werden. Im Tod verläßt die Seele nicht den Leib, um ewig bei Gott zu sein, sondern der ganze Mensch mit seiner Sinnlichkeit wird zu Gott kommen. Und der Mensch, der weiterhin Kommunikation erfährt, der solidarisch ist mit den andern Menschen. Daher spricht die Tradition von der Gemeinschaft der Heiligen. Der Himmel ist nicht die selige Schau Gottes, die jeder für sich genießt, sondern das Fest der Menschen, die gemeinsam Gott loben und das ewige Hochzeitsmahl feiern.

23 Der Leib, den wir mit uns herumtragen und an dem wir oft genug auch leiden, wird im Grab verwesen. Der Leib, mit dem wir im Himmel sein werden, wird ein himmlischer Leib sein, wie der hl. Paulus sagt, ein verwandelter Leib. Paulus spricht vom geistlichen Leib, von dem Leib, der ganz und gar vom Geist durchdrungen und verwandelt ist. Und der ist zunächst einmal für uns unvorstellbar. Aber es wird ein Leib sein, der mit seinen Sinnen fühlen und spüren, lieben und sich freuen kann.

24 Wir werden im Tod nicht in einen rein geistigen Raum hinein sterben. Der Leib besagt, daß wir auch nach dem Tod noch einen Bezug zu die-

ser Welt haben, nicht nur einen Bezug zur Gemeinschaft der andern Menschen, zur Gemeinschaft der Heiligen, sondern einen Bezug zu dieser Welt, zur Schöpfung, zur Natur und zu den jetzt lebenden Menschen.

25 Viele haben Schuldgefühle, wenn ein Mensch stirbt, den sie geliebt haben und dem sie einiges schuldig geblieben sind. Bei jedem Tod eines vertrauten Menschen taucht die Frage auf, was wir versäumt haben, was wir noch mit ihm hätten besprechen sollen, wo wir ihm weh getan haben, wo wir an ihm vorbeigelebt haben ... Der Tote trägt uns nichts mehr nach. Er leidet nicht mehr an den Wunden, die wir ihm geschlagen haben, an den Versäumnissen und Mißverständnissen. Er ist in der Vollendung, im Frieden.

26 Jesus sagt in seiner Abschiedsrede, daß er in seinem Tod hingehen werde und uns bei Gott eine Wohnung bereite. „Wenn ich gegangen bin und einen Platz für euch vorbereitet habe, komme ich wieder und werde euch zu mir holen, damit auch ihr dort seid, wo ich bin" (Joh 14,3). Was Jesus von sich und seinem Tod sagt, könnten wir auch auf den Tod uns lieber Menschen anwenden. Sie gehen hin, um uns eine Wohnung bei Gott zu bereiten. Sie nehmen das, was wir mit ihnen geteilt haben, mit zu Gott.

27 Viele Christen lassen sich heute von der Reinkarnationslehre überzeugen. Sie glauben, daß sie im Tod nicht ein für allemal in die Hände Gottes hinein sterben, sondern daß sie immer wieder geboren werden, bis sie sich so geläutert haben, daß sie reif sind für den Himmel … Uns Christen täte es gut, uns aktiv mit diesem Modell auseinanderzusetzen … Allerdings bin ich selbst skeptisch gegenüber Modellen, die nicht den großen Traditionen entsprechen, sondern die nach eigenem Geschmack und Gutdünken selbst konstruiert sind … Die Reinkarnation läßt immer noch ein Tor offen. Ich kann es ja nochmals probieren. Sie weigert sich, die Einmaligkeit und Endgültigkeit unseres Lebens zu bejahen. Sie schiebt die endgültige Entscheidung für oder gegen Gott immer wieder hinaus.

28 In jeder Religion hängt die Vorstellung vom Leben nach dem Tod auch mit dem Gottes- und Menschenbild zusammen. Im Buddhismus ist Reinkarnation ein Fluch und nicht das Ziel unseres Lebens. Der Buddhismus sehnt sich nach der Erlösung, nach der Lösung von der Verhaftung an diese Welt. Die Berührung mit der Welt ist die Ursache allen Übels. Die Loslösung in Meditation und Askese befreit von diesem Übel. Der Tod ist Vollendung dieser Befreiung. Nur der muß nochmals das Rad der Wiedergeburt drehen, nur der muß nochmals zurück in diese Welt, der den Sprung in

das Nirwana nicht schafft, der sich weder im Leben noch im Sterben von dieser Welt lösen konnte.

29 Der Hinduismus ist vom Gedanken der All-Einheit fasziniert. Die Welt ist nur Schein. Sie ist nur wirklich, insofern sie am all-einen Absoluten, am Brahma, Anteil hat. Die von Ewigkeit existierenden Seelen gehen nun aus einem verfallenen Leib in einen neuen Mutterschoß ein und werden aufs neue wieder geboren. Mit dieser Lehre will der Hinduismus einmal die Frage nach der gerechten Vergeltung (Karma) beantworten. Wenn ein Mensch leidet, dann hat das Gründe in seiner früheren Existenz, dann muß diese Schuld abbezahlt werden.

30 Das Christentum hat auf die Frage nach der angemessenen Vergeltung die befreiende Antwort vom Sühnetod Jesu Christi gegeben. Auch wenn wir uns heute mit dem Begriff Sühne schwer tun, so hat die frühe Kirche damit den ewigen Kreislauf von Schuld und Sühne durchbrochen. Es muß nicht mehr alles gesühnt werden, was Menschen in früheren Existenzen an Schuld auf sich geladen haben. Christus ist aus Liebe solidarisch geworden gerade mit den Sündern und hat ihnen einen Weg zum Neubeginn gebahnt.

31 Der Hinduismus will mit seiner Reinkarnationslehre letztlich den Vorrang des Geistigen vor der Materie bezeugen … Der Inder sieht in allem das Göttliche. Von ihm können wir lernen, daß sich das Göttliche in jedem Seienden zeigt, in jeder Pflanze, in jedem Tier, gerade aber im Menschen. Die hinduistische Lehre trifft sich mit der Lehre Platos von den ewigen Ideen, die Gott sich von dieser Welt gemacht hat. Vom Hinduismus können wir lernen, daß sich bei aller Individualität in jedem Menschen auch das Göttliche schlechthin ausdrückt. Jeder Mensch trägt Gottes Antlitz, jeder ist eine Note in der göttlichen Schöpfungssymphonie.

April

1 Für mich sieht die Reinkarnation Gottes Wirken zu klein und ist geprägt von einem Gesetzesdenken und nicht vom Geist des Evangeliums. Sie meint, der Mensch könne sich durch Askese und Meditation immer höher entwickeln, so daß er dann im Tod in Gott hinein verwandelt wird. Das Entscheidende, so sagt uns Jesus im Evangelium immer wieder, ist nicht das, was wir tun, sondern was Gott an uns tut.

2 Wir werden trotz aller Bemühungen zuletzt mit leeren Händen vor Gott erscheinen. Das soll uns aber nicht erschrecken, vielmehr dürfen wir getrost sein: Gott kann das wenige, das wir ihm anbieten, annehmen und uns durch das Feuer Seiner Liebe verwandeln, so daß wir eins werden mit Ihm. Die Verwandlung ist das Werk Gottes und nicht unser eigenes. Das ist die Frohe Botschaft der christlichen Auferstehungshoffnung. Nicht wir müssen uns selbst erlösen, Gott erlöst uns.

3 Natürlich besagt auch die christliche Auferstehungshoffnung nicht, daß wir die Hände in den Schoß legen sollen. Wir sollen uns anstrengen und bewußt unser Leben leben. Dazu fordert

uns Jesus immer wieder auf. Die christliche Lehre von der Auferstehung nimmt unser Leben hier ernst. Unser Leben ist einmalig. Daher sollen wir es bewußt leben, nicht einfach so dahin leben. Es geht darum, dem Geheimnis unseres Lebens auf die Spur zu kommen, das Leben in seiner ganzen Intensität zu leben und nicht auf später zu warten, um dann in einer neuen Inkarnation erst richtig mit dem Leben anzufangen.

4 Der Mensch muß sich damit aussöhnen, daß er sterben wird. Das ist sein Schicksal. Wenn er sein Leben wirklich gelebt hat, dann kann er satt an Jahren willig sterben. Diese Vorstellungen des Alten Testaments vom Tod als dem radikalen Ende sind durch das Neue Testament nicht einfach überholt. Sie wollen uns vielmehr zeigen, daß das Leben der Auferstehung nicht einfach ein Weiterleben bedeutet, sondern etwas radikal Neues. Das bisherige Leben mit seiner Geschichte geht im Tod zu Ende. Aber Gott hat für uns eine unbeschreibliche Zukunft bereitet.

5 Das Alte Testament kennt auch andere Vorstellungen vom Tod. Da wird unterschieden zwischen dem Tod der Sünder und dem Tod der Gerechten, die in Gottes Hand sind und auch durch den Tod nicht vernichtet werden können. So heißt es im Buch der Weisheit: „Die Seelen der Gerech-

ten sind in Gottes Hand, und keine Qual kann sie berühren. In den Augen der Toren sind sie gestorben, ihr Heimgang gilt als Unglück, ihr Scheiden von uns als Vernichtung; sie aber sind in Frieden. In den Augen der Menschen wurden sie gestraft; doch ihre Hoffnung ist voll Unsterblichkeit" …

6 Ijob sieht es so in dem bekannten Text, den Händel im Messias so eindrucksvoll vertont hat: „Doch ich, ich weiß: mein Erlöser lebt, als letzter erhebt er sich über dem Staub. Ohne meine Haut, die so zerfetzte, und ohne mein Fleisch werde ich Gott schauen. Ihn selber werde ich dann für mich schauen; meine Augen werden ihn sehen, nicht mehr fremd. Danach sehnt sich mein Herz in meiner Brust." (Ijob 19,25–27) Der Tod kann uns nicht von Gott, unserem Erlöser trennen. Wir werden ohne unsere Verletzungen und Enttäuschungen Gott in seinem wahren Licht schauen. Gott wird uns nicht mehr fremd sein, sondern vertraut.

7 Der Prophet Daniel unterscheidet das Schicksal der Gerechten von dem der Frevler: „Von denen, die im Land des Staubes schlafen, werden viele erwachen, die einen zum ewigen Leben, die anderen zur Schmach, zu ewigem Abscheu. Die Verständigen werden strahlen, wie der Himmel strahlt; und die Männer, die viele zum rechten Tun

geführt haben, werden immer und ewig wie die Leuchter leuchten.“ (Dan 11,2f) Der Himmel ist allein denen vorbehalten, die den Willen Gottes befolgen. Für sie wird ihr ewiges Schicksal ein Strahlen und Leuchten sein.

8 Im Neuen Testament müssen wir unterscheiden zwischen den Worten Jesu über Himmel und Hölle, das ewige Feuer und über Beschreibungen des Endzustandes, der Auferstehung … Wenn Jesus von der Hölle spricht, dann meint er nicht nur den Zustand nach dem Tod, sondern die Folge, die aus einem falschen Lebensentwurf jetzt schon für uns spürbar wird. Jesus spricht nicht von dem strengen und unerbittlichen Gott, der uns in die Hölle stürzt, sondern von Wegen, die ins Verderben führen. Jesus will uns mit solch starken Worten ermahnen, so zu leben, daß unser Leben gelingt.

9 Es genügt nicht, nur die Gebote zu erfüllen, wir müssen darauf achten, unser eigenes Leben zu leben. „Geht durch das enge Tor! Denn das Tor ist weit, das in das Verderben führt, und der Weg dahin ist breit, und viele gehen auf ihm. Aber das Tor, das zum Leben führt, ist eng, und der Weg dahin ist schmal, und nur wenige finden ihn“ (Mt 7,13). Das breite Tor und der breite Weg, das sind Bilder für die Masse, für das, was alle tun. Ohne

uns über unsere persönliche Berufung Rechenschaft zu geben, tun wir, was alle tun ... Aber Menschwerdung bedeutet die Mühe, mein eigenes Leben zu leben. Das verlangt genaues Hinschauen auf mein Gewordensein, auf meine Lebensgeschichte, auf meine Veranlagung, das verlangt ein feines Hinhorchen auf die inneren Impulse, in denen Gott mir zeigt, was er von mir erwartet.

10 In vielen Gleichnissen geht es Jesus um die gleiche Frage: Wie gelingt mein Leben? Und gerade in den drastischen Gleichnissen will er uns warnen, einem falschen Lebensentwurf zu folgen. So ein falscher Lebensentwurf kann sogar hinter einem anständigen und korrekten Leben sich verstecken. Es gibt Menschen, die alle Gebote halten und trotzdem an sich und ihrer persönlichen Berufung vorbeileben... Sie folgen einem Ideal, von dem sie meinen, daß Gott es von ihnen verlangt. In Wirklichkeit sind es irgendwelche Idealbilder, die sie von außen übernommen haben, die aber mit Gottes Willen nichts zu tun haben.

11 Im Gleichnis vom königlichen Hochzeitsmahl (Mt 22,1–14) kümmern sich die Eingeladenen nicht um das Mahl. Gott lädt alle Menschen ein,

ohne Rücksicht auf ihre Herkunft und auf ihren moralischen Zustand. Alle, Böse und Gute, dürfen zum Hochzeitsmahl kommen. Das ist eine tröstliche Botschaft.

12 Bei Matthäus steht die Szene, die viele nicht verstehen, daß da ein Mann ohne Hochzeitsgewand an der Tafel sitzt und auf Befehl des Königs von den Dienern in die äußerste Finsternis hinausgeworfen wird ... In Israel war es Brauch, daß der Hausherr dem Eingeladenen auch ein Hochzeitsgewand mitsandte, damit jeder mit einem schönen Gewand erscheinen konnte. Es gehört zum Anstand, zur Achtung des Hausherrn, daß ich mit seinem Gewand erscheine. Ein Mann hielt das offensichtlich nicht für notwendig. Er mißachtete nicht nur die Anstandsregeln, sondern verletzte den Hausherrn selbst. Er wollte offensichtlich nur ein gutes Essen, ohne sich in die Gemeinschaft des Festes einzugliedern. Das Himmelreich wird uns allen angeboten, aber es wird uns nicht nachgeworfen ... Wir müssen uns nur bewußt sein, daß wir zum königlichen Hochzeitsmahl geladen sind und nicht zum Freibier, daß wir zu einem erfüllten Leben berufen sind und nicht zum kostenlosen Konsum, ohne Rücksicht auf Gott und auf die Menschen.

13 Im Gleichnis von den Talenten will uns Jesus davor warnen, aus Angst unser Leben zu vergraben und einem falschen Perfektionismus zu huldigen. Der Perfektionist vergräbt lieber sein Talent, als daß er sich einen Fehler zugesteht ... Und Jesus warnt uns vor einem falschen Gottesbild. Wenn wir das Bild des strengen Gottes in uns tragen, vor dem wir ständig Angst haben müssen, weil er willkürlich ist und ungerecht, dann wird unser Leben schon hier auf Erden Heulen und Zähneknirschen, dann wird es trostlos und verkrampft.

14 Jesus spricht in den Evangelien nicht nur vom Gelingen unseres Lebens hier und jetzt, sondern in vielen Bildern auch vom ewigen Leben, vom Leben der Auferstehung. Offensichtlich kann man von dem Unvorstellbaren des ewigen Lebens auch nur in Bildern sprechen ... Da ist das Bild des Festes und des ewigen Hochzeitmahles, das Jesus immer wieder benützt. Fest ist ja die Ahnung, daß die Zeit still steht, daß da Ewiges einbricht in unser Leben, daß das Eigentliche sichtbar wird. Hochzeitsmahl ist Bild für die Vereinigung aller Gegensätze, die es gibt. Die Einheit von Mann und Frau in der Hochzeit weist darauf hin, daß im ewigen Leben alle Gegensätze aufgehoben werden, der Gegensatz von Himmel und Erde, von Leben und Tod, von Gott und Mensch, von Arm und Reich, von Mann und Frau.

15 Fest und Hochzeitsmahl atmen Freude und Dankbarkeit. So wird das ewige Leben nicht etwas Langweiliges und Trostloses, sondern ewige Freude, ewiges Fest. Die Differenz zwischen Erwartung und Erfüllung, an der wir leiden, die uns aber zugleich auch lebendig hält, wird im Himmel aufgehoben. Da wird das Fest nicht langweilig, da müssen nicht immer neue Überraschungen eingebracht werden, um die Leute bei Laune zu halten. Der Himmel ist ewiges Fest, das heißt, die Menschen erleben ein für allemal diese Hochstimmung, die wir mit dem Fest verbinden. Sie sind in Gott hinein erhoben worden und erfahren, wer sie eigentlich sind.

16 Im Gleichnis vom Weltgericht sagt der Menschensohn zu den Auserwählten: „Kommt her, die ihr von meinem Vater gesegnet seid, nehmt das Reich in Besitz, das seit der Erschaffung der Welt für euch bestimmt ist“ (Mt 25,31). Hier wird das ewige Leben als Besitz bezeichnet. Das Leben gehört uns, wenn wir in jedem Menschen Christus begegnen und in ihm Christus erkennen, wenn wir jedem seine königliche Würde zugestehen. Gott gehört uns. Wir müssen ihn nicht mehr suchen. Uns gehört das Reich, wir gehören zum Reich, in das Reich. Wir sind bei Gott zuhause.

17 Als die Sadduzäer Jesus nach der Auferstehung der Toten fragen, antwortet Jesus: „Nur in dieser Welt heiraten die Menschen. Die aber, die Gott für würdig hält, an jener Welt und an der Auferstehung von den Toten teilzuhaben, werden dann nicht mehr heiraten. Sie können auch nicht mehr sterben, weil sie Engel gleich und durch die Auferstehung zu Söhnen Gottes geworden sind“ (Lk 20,34–36). Im Himmel gelten nicht mehr die Gesetze von Heirat und Gebären, da werden wir alle wie die Engel sein und Söhne und Töchter Gottes. Da werden wir uns nicht mehr ausschließlich an einen andern Menschen binden, um mit ihm ein Fleisch zu werden. Es wird eine neue Form des Miteinanders sein, ein Miteinander vor Gott und auf Gott hin.

18 Die Engel sind ein Bild für die Kontemplation. Sie schauen Tag und Nacht Gott. So wird der Himmel ewige Kontemplation sein. Wir werden für immer Gott schauen und mit Gott in einem Hause wohnen. Und wir werden unsere wahre Würde erleben, als Söhne und Töchter Gottes. Wir haben dann teil an einer andern Welt, der jenseitigen Welt Gottes.

19 Am intensivsten hat sich der Apostel Paulus mit der Frage der Auferstehung und eines Lebens nach dem Tod beschäftigt. Für ihn hängt

an der Frage der Auferstehung Jesu und an unserer eigenen Auferstehung der Sinn des ganzen Lebens. „Wenn es keine Auferstehung der Toten gibt, ist auch Christus nicht auferweckt worden. Ist aber Christus nicht auferweckt worden, dann ist unsere Verkündigung leer und euer Glaube sinnlos" (1 Kor 15,13f). Für Paulus gehört beides zusammen. Christus hat uns hier zu wahrem Leben befreit. Aber zugleich setzen wir unsere Hoffnung auf den Christus, der zur Rechten des Vaters sitzt und Garant unserer eigenen Auferstehung ist.

20 Oft gebraucht Paulus das Bild vom Bekleidetwerden: „Denn dieses Vergängliche muß sich mit Unvergänglichkeit bekleiden und dieses Sterbliche mit Unsterblichkeit" (1 Kor 15,53). Kleid meint ein neues Wesen. So wie wir in der Taufe Christus als Gewand angezogen haben (Gal 3,27), so werden wir bei der Auferweckung mit Christus selbst überkleidet. Christus wird durch uns hindurchscheinen und in uns aufleuchten.

21 Eine andere Vorstellung vom Himmel wird deutlich, wenn Paulus immer wieder von der Sehnsucht spricht, beim Herrn zu sein: „Weil wir aber zuversichtlich sind, ziehen wir es vor, aus dem Leib auszuwandern und daheim beim Herrn zu sein" (2 Kor 5,8) … Im Himmel sein heißt für Paulus also vor allem, bei Christus daheim zu sein,

mit dem Geliebten zusammen zu sein. Hier ist die Christusmystik Grund der Auferstehungshoffnung.

22 Paulus versteht die Auferstehung der Toten als Geschehen unmittelbar nach dem Tod des einzelnen und zugleich als endzeitliches Geschehen. Jesus Christus, der auferstandene und erhöhte Herr, wird im Tod den Glaubenden in die Herrlichkeit Gottes führen. Aber es gibt auch die Offenbarung der Auferstehung vor der ganzen Welt, das Kommen Christi in Herrlichkeit. Die Exegese spricht von der Naherwartung der ersten Christen. Sie rechneten damit, daß Christus schon nach wenigen Jahren kommen werde und die ganze Welt zu Ende führen und verwandeln werde. Wir dürfen diese Naherwartung nicht einfach als Irrtum der ersten Christen sehen. Sie hat auch für uns heute noch Bedeutung. Denn nah ist für jeden von uns unser eigener Tod.

23 In der Osternacht harrten die ersten Christen im Gebet aus und erwarteten jedes Jahr aufs neue, daß der Auferstandene wirklich kommen und diese Welt verwandeln werde. Das letzte Wort des NT zeugt von diesem Glauben an das nahe Kommen des Herrn: „Er, der dies bezeugt, spricht: Ja, ich komme bald. – Amen. Komm, Herr Jesus!" (Offb 22,20). Der Ruf „Maranatha, Komm, Herr

Jesus“ drückt die Sehnsucht der Urkirche nach dem Kommen des Herrn aus. Auch wenn schon in den Evangelien und dann in den späteren Schriften deutlich wird, daß die Christen mit einem längeren Warten auf das Kommen des Herrn rechneten, bleibt die Naherwartung ein bleibendes Element unseres Glaubens. Denn der Herr ist uns immer nahe, er ist in jedem Augenblick der Kommende. In unserem Tod wird sich vollziehen, woran die frühen Christen geglaubt haben.

24 Man kann über den Himmel nur in Bildern sprechen. So hat es die Bibel getan. Es lohnt sich, die vielen Bilder der Bibel zu meditieren und sie in die eigene Vorstellungswelt zu übersetzen. Dann können wir zwar immer noch nicht mit Gewißheit sagen, wie der Himmel aussieht. Aber wir tun wenigstens einen Blick hinein in das Geheimnis der göttlichen Liebe, die uns im Himmel für immer begegnen wird. Mit Paulus müssen wir aber von diesem Himmel auch bekennen: „Was kein Auge gesehen und kein Ohr gehört hat, was keinem Menschen in den Sinn gekommen ist: das Große, das Gott denen bereitet hat, die ihn lieben“ (1 Kor 2,9). Es wird unbeschreiblich sein, was Gott in seiner Liebe uns zugedacht hat.

25 In der Geschichte der Theologie und Spiritualität werden vom Himmel verschiedene Aussagen gemacht ... Da wird der Himmel als ewiger Zustand der Kontemplation verstanden, als Schauen der Herrlichkeit Gottes, ein Schauen, in dem wir mit Gott selbst eins werden. Schauen ist ja ein Vorgang, in dem wir mit dem Geschauten eins werden können. Kontemplatives Sehen meint ein Schauen, bei dem es keine Distanz mehr gibt zwischen Schauer und Beschautem, bei dem wir ganz Auge sind und im Schauen in das Bild Gottes verwandelt werden, „von Herrlichkeit zu Herrlichkeit, durch den Geist des Herrn“ (2 Kor 3,18), wie Paulus sagt.

26 Der Himmel wird nicht als ewiges Hören von Gottes Wort verstanden. Es geht nicht mehr um das Hören, um das Belehrtwerden durch Gott. Im Hören ist immer noch eine Distanz zwischen dem Sprechenden und Hörenden. In der Schau ist Einssein möglich. So wird der Himmel Einswerden mit Gott in der ewigen Schau. Und diese Schau wird uns selig machen, glücklich machen. Sie wird unsere tiefste Sehnsucht erfüllen.

27 Himmel ist auch ein Genießen Gottes. Auch in diesem Begriff ist das Bild der Verschmelzung und Einswerdung mit enthalten. Das ewige

Leben wird ein Leben der Lust und Freude sein. Da für uns Freude immer auch den Aspekt der Zeitlichkeit hat, können wir uns eine ewige Freude und einen ewigen Genuß nicht vorstellen. Aber wir können etwas davon erahnen, wenn wir hier in einem Augenblick höchster Ergriffenheit die Zeit festhalten möchten, wenn wir etwa in einem Konzert eine Sternstunde erleben … Bei aller Unterschiedlichkeit der Erfahrungen dürfen wir uns das ewige Leben auch nicht zu abstrakt und leiblos vorstellen. Wir machen hier in unserem Leben Erfahrungen, die uns etwas erahnen lassen von der seligmachenden Schau Gottes und vom ewigen Genuß Gottes.

28 Auferstehung ist auch ewiges Leben. Ewiges Leben ist ja nicht immerdauerndes Leben, sondern eine andere Qualität von Leben … Es ist ein neuer Geschmack des Lebens, eine neue Lebensqualität. Es ist auch Leben, das durch den Tod nicht mehr zerstört werden kann. Aber ewig ist kein zeitlicher Begriff, sondern ein qualitativer. Was ewig heißen kann, erahnen wir, wenn wir einen Augenblick festhalten möchten, wenn wir einmal ganz gegenwärtig sind, ganz präsent. Dann steht die Zeit still, dann sind wir ganz da, dann genießen wir, dann sind wir ganz in den Sinnen, ganz im Augenblick, ganz in Gott.

29 Himmel ist auch das Bild der ewigen Ruhe, um die wir für die Toten bitten. Diese Ruhe ist keine Grabesruhe, sondern sie hat mit der Ruhe Gottes zu tun, der am siebten Tag ausruhte und sich an dem freute, was er geschaffen hat. Es zeigt, daß hier Leben und Tod zusammen gehören. Ich kann mich nur an dem freuen, was ich gelebt habe. Über den Tod nachzudenken heißt daher immer wieder auch, darüber zu reflektieren, wie wir hier leben lernen können, wie wir so leben können, daß wir von unseren Werken gerne ausruhen werden.

30 Im Gebet für die Verstorbenen bitten wir, daß ihnen das ewige Licht leuchten möge. Der Tod hat für uns immer auch etwas Dunkles, Unerklärliches, Undurchschaubares an sich. Gott aber ist Licht. Das Leben in der Ewigkeit ist daher ewiges Licht, ewige Herrlichkeit, Schönheit. Alles, was wir uns hier auf Erden in der Kunst ersehnen, Harmonie, Herrlichkeit, absolute Schönheit, das wird uns im ewigen Leben geschenkt.

Mai

1 Glauben ist eine Weise, die Wirklichkeit zu sehen und sie zu deuten. Der Glaube sieht die Wirklichkeit von Gott her. Und er sieht sie von der Deutung her, die die Bibel und die Tradition des geistlichen Lebens entwickelt haben.

2 Die Geschichte der verschiedenen Deutungen zeigt uns, daß wir die Realität nicht in ihrer reinen Objektivität erkennen können, sondern immer nur als gedeutete Wirklichkeit. Die Erkenntnis der Wirklichkeit ist von unserer subjektiven Verfaßtheit abhängig. Wir sehen immer nur Ausschnitte der Wirklichkeit. Und welche Ausschnitte wir sehen, das hängt von der Brille ab, die wir gerade aufhaben. Eine Landschaft erscheint immer wieder neu je nach dem Licht, in das sie getaucht ist. Im Sonnenschein sieht sie anders aus als im Regen oder bei Nebel. Und doch ist es immer die gleiche Landschaft.

3 Der Glaube ist nun ein ganz bestimmtes Modell, mit dem wir die Wirklichkeit zu sehen suchen. Es ist das Modell, das uns die Heilige Schrift anbietet. Bei diesem Modell sehen wir die Landschaft nie nur in ihrer jeweiligen subjektiven oder

objektiven Beleuchtung, sondern wir sehen sie als Schöpfung Gottes.

4 Wenn wir die Sehweise des Glaubens nun auf unseren Alltag anwenden, so werden uns nicht nur alle Widerfahrnisse in einem neuen Licht erscheinen, sondern wir werden auch in einer andern inneren Haltung und Stimmung an die Dinge herangehen und auf sie reagieren. Unser Alltag stellt Anforderungen an uns: Wir müssen arbeiten, wir müssen mit Menschen zurechtkommen, wir haben Pflichten gegenüber unserer Familie, dem Betrieb, der politischen Gemeinde und dem Staat. Und bei allem, was wir tun, deuten wir auch unser Tun. Wir sind nicht einfach nur mit der Arbeit beschäftigt, sondern wir kommentieren auch das, was wir tun.

5 Es ist unsere Entscheidung, wie wir unser Leben kommentieren. Der Glaube deutet unser Leben ganz bewußt von Gott her, er sieht in allem Gott am Werk. Gott spricht zu mir in allen Dingen meines Lebens. Er mutet mir diese Aufgabe zu, er begleitet mich bei Schwierigkeiten, er hilft mir, er ist bei mir, er ist in mir. Sein Geist belebt mich und gibt mir Schwung. Wenn ich von dieser Sicht her an meine Arbeit herangehe, so erscheint sie in einem andern Licht. Ich nehme sie an als Aufgabe von Gott.

6 Der Glaube sieht von Gott her neue Möglichkeiten, aber er ist keine utopische Lösung. Leider ist der utopische Lösungsversuch jedoch in gläubigen Kreisen sehr oft anzutreffen. Viele, die in eine Klostergemeinschaft eintreten, meinen, Menschen, die sich allein Gott zur Verfügung stellen, müßten doch eigentlich eine ideale Gemeinschaft bilden. Und dann werden sie sehr schnell enttäuscht, wenn sie spüren, daß es eben auch nur Menschen sind, die ihre Fehler und Schwächen haben. Viele leiden ein Leben lang an der Unvollkommenheit ihrer Gemeinschaft. Sie merken gar nicht, daß das Problem nicht die Gemeinschaft ist, sondern ihr falscher Lösungsversuch, ihre utopische Vorstellung einer idealen Gemeinschaft.

7 Auch gehen häufig Ehen in die Brüche, weil man sie mit zu idealen Vorstellungen befrachtet. Als Christen, so meinen viele, müßten sie doch eine echte christliche Ehe führen, mit gemeinsamem Gebet, mit einer Liebe ohne Ende, mit ständiger Rücksichtnahme, mit der Bereitschaft, zu vergeben und immer wieder auf den andern einzugehen, aber auch mit der Bereitschaft zu Verzicht und einfachem Leben. So gut all diese Ideale sind, wenn man sich diese Ideale gegenseitig an den Kopf wirft, überfordert man sich und den andern. Dann sind nicht die Ehepartner das Problem, sondern ihre utopischen Ehevorstellungen.

8 Utopische Lösungen erschweren nicht nur das Leben in Gemeinschaft, sondern auch unser persönliches Leben, unser Leben mit Gott. Auch da meinen viele, sie müßten Gott immer spüren, sie müßten immer in Gemeinschaft mit ihm sein, sie müßten immer fromme und heilige Gefühle haben, sie müßten immer vom Hl. Geist erfüllt sein. Man überfordert sich selbst mit seinen idealen Vorstellungen.

9 Der Glaube braucht keine Schönfärberei. Er deutet die Fakten um. Wenn ich meine Leere als Wüste umdeute, in die Gott mich führt, kann ich darin sehr wohl Gott intensiv erfahren und erleben. Aber ich brauche meine innere Leere, meine Trockenheit und Gottesferne nicht zu verdrängen. Der Glaube verdrängt nicht. Er läßt alles zu, aber er deutet es um. Mitten in meiner Leere und Wüste entspringt auch eine Quelle, mitten in meiner Dunkelheit leuchtet auch ein Licht.

10 Wer meint, beim Beten müsse er Gott erfahren, müsse er seine Probleme vor Gott aussprechen können und dann Gottes Antwort vernehmen, der gewinnt dann schnell die Überzeugung, er könne gar nicht beten, weil sich seine Erwartungen eben nicht erfüllen … Wenn mir die Worte fehlen, kann ich meine Situation einfach vor

Gott hinhalten. Und wenn ich nicht gleich Wunder erwarte, werde ich dadurch auch ruhiger werden. Ich sage mir dann bewußt vor: Gott ist jetzt da, er schaut mich an, er trägt mich, auch wenn ich das noch nicht so spüre.

11 Die Klage, ich kann nicht glauben, soll man nicht mit billigen Argumenten abtun … Oft geht es nicht um den Glauben an die Offenbarung Gottes, sondern um den Glauben, daß Gott mich liebt, mir hilft und mich gut führt … Man kann einen ebensowenig zum Glauben auffordern wie zum Spontansein. Aber man kann zusammen mit ihm versuchen, seine Situation anders zu deuten.

12 Wenn ich meinen Tag als Herausforderung von Gott her sehe, als das, was mir Gott zutraut, worin er mich aber auch begleitet, als Chance, eine gute Atmosphäre um mich her zu verbreiten, andern in meiner Arbeit zu helfen, mich darauf zu freuen, mich auf etwas einzulassen, dann werde ich nicht nur mit einer positiven Stimmung arbeiten, sondern die Arbeit wird mich auch nicht so leicht ermüden.

13 Wir können nicht alle Situationen so leicht umdeuten, Einsamkeit, Krankheit, Verzweiflung, Tod, das sind Fakten, die sich nicht beliebig

zurechtbiegen lassen. Hier müssen wir uns von Gott her ein Wort sagen lassen, das uns die Situation umdeutet. Die Umdeutung liegt nicht in unserem Belieben, sie muß uns von Gott her geschenkt werden. In der Bibel hat Gott uns viele Modelle des Umdeutens geschenkt, die für viele Situationen unseres Lebens passen. Die Bibel beschreibt jeweils eine Situation, in der wir uns selbst wiederfinden können und die wir oft genug als ausweglos erfahren. Und dann deutet sie diese Situation in einer oft überraschenden Weise um.

14 Die biblischen Geschichten deuten uns die Erfahrungen, die wir im Leben machen. Die richtige Deutung befähigt uns auch, mit den Erfahrungen unseres Lebens richtig umzugehen. Wer nicht deuten kann, was ihm widerfährt, wer etwa eine Krise nicht verstehen kann, in die er gerät, der reagiert häufig kopflos … Von uns aus können wir aber nicht erkennen, was uns eine Krise sagen will. Wir brauchen ein Wort von außen, wir brauchen eine Geschichte, die uns unsere Situation umdeutet und uns so einen Weg weist, wie wir mit uns selbst weiterkommen, wir wir in allem Durcheinander doch zu Gott finden können. Die umfassendste Umdeutung der Wirklichkeit begegnet uns im Leben und in der Botschaft Jesu.

15 Die Umdeutung beginnt schon bei Jesu Geburt. Die Hirten als die Außenseiter der Gesellschaft erkennen ihn, die Bürger weisen ihn ab, der König trachtet ihm nach dem Leben.

16 In den Krankenheilungen deutet Jesus nicht um, er wandelt die Menschen auch um. Er macht die Blinden sehend, die Lahmen gehend, die Aussätzigen werden rein, Taube hören, Stumme reden. Die Heilungsgeschichten geben uns die Möglichkeit, nun unsere Krankheiten umzudeuten. In unserer Blindheit sehen wir schon, in unseren Lähmungen können wir schon aus uns herausgehen, in unserer Stummheit schon reden. In der Begegnung mit Christus entdecken wir mitten in unseren Krankheiten und Begrenzungen schon neue Möglichkeiten von Leben und Heil.

17 Die Umdeutung beseitigt nicht jede Krankheit, und vor allem nicht den Tod. Jesus hebt weder Krankheit noch Tod auf. Im Gegenteil, er selbst unterwirft sich dem Tod, einem schmählichen Tod am Kreuz. Einsam, von den Menschen verachtet, unverstanden, gescheitert stirbt er am Kreuz, den Blicken der Neugierigen ausgesetzt. Aber gerade sein Tod ist die radikalste Umdeutung unseres Le-

bens … Es gibt keine Einsamkeit, keine Verzweiflung. Kein Scheitern, das Gott selbst nicht durchlitten und umgewandelt hat. So definieren Tod und Auferstehung Jesu die Wirklichkeit unseres Lebens von Grund auf um.

18 Wer unheilbar krank im Bett liegt, dem helfen keine Versprechungen, daß Gott ihn schon zu heilen vermöge. Oft verhindern diese utopischen Lösungsversuche, daß er seine Krankheit von Gott her annimmt. Es ist menschlicher, die Krankheit anzunehmen und umzudeuten … Wenn ich meine Krankheit umdeute als Mitleiden mit Christus für seinen Leib, die Kirche (vgl. Kol 1,24), dann bekommt sie einen Sinn, dann weiß ich, daß ich nicht umsonst leide.

19 Die Auferstehung Jesu deutet unseren Tod um. Der Tod ist nicht mehr das hoffnungslose Ende, sondern Durchgang zum Leben … Die Umdeutung unseres Todes durch Jesu Auferstehung bewahrt uns davor, den Tod zu verdrängen, ihn als Problem einfach zu ignorieren. Und sie verbietet uns auch den utopischen Lösungsweg, der uns ewige Jugend verheißt, wenn wir uns nur genügend trimmen und uns den angepriesenen Verjüngungskuren unterziehen.

20 Der Tod rückt unsere Maßstäbe zurecht. Er zeigt uns, worauf es wirklich ankommt. Wir können nichts mitnehmen, weder unseren Erfolg, noch unseren Besitz, noch die Menschen, die wir lieben. Wir können uns nur Gott ergeben, unsere leeren Hände ausstrecken und uns in seine liebenden Arme fallen lassen. Im Angesicht des Todes können wir gelassen leben, im richtigen Abstand zu den Dingen.

21 Wenn wir den Tod bewußt annehmen, dann können wir ohne Angst leben und verstehen etwas vom Geheimnis unseres Lebens, daß Gottes Kraft in unserer Schwäche zur Vollendung kommt. Dieses Gesetz der Gnade gilt nicht vom Tod allein, sondern von jedem Augenblick unseres Lebens. Es kommt nicht auf unsere Leistung an, sondern darauf, daß wir uns Gott zur Verfügung stellen, damit seine Kraft in und durch unsere Schwäche wirken kann.

22 Glauben heißt, die Deutung des Lebens und der Welt durch Jesus zu übernehmen. Das bedeutet, die Welt mit guten Augen ansehen, sie gut heißen, sie annehmen als Welt des guten Gottes. Die Welt wird dann nicht als das Fremde und Bedrohliche erfahren, sondern als Schöpfung Gottes.

Sie wird durchlässig für Gott … Wenn ich mit diesem Blick durch die Natur gehe, so erscheint sie mir in einer ganz neuen Dimension. Sie wird mir vertraut. Ich fühle mich eins mit ihr. Sie ist Werk Gottes, meines Schöpfers. Gott hat mich aus dem gleichen Stoff gemacht wie sie. Das Leben, das ich in ihr spüre, ist auch mein Leben. Es ist Gottes Leben.

23 Die Schöpfung wird für mich nie langweilig. Ich spüre in ihr immer wieder etwas von dem unendlichen Geheimnis Gottes. Und diese Sicht führt auch zu einem neuen Erleben meiner selbst. Ich fühle das Leben Gottes, das in der Natur um mich herum so manigfaltig sich regt, auch in mir.

24 Für viele Mystiker ist das grundlegende Daseinsgefühl das der Einheit. Sie fühlen sich eins mit Gott, aber auch eins mit der Natur. Das ist kein Pantheismus, sondern die Erfahrung, daß Gottes Geist die ganze Schöpfung durchdringt. Und von Gott her kann der Mensch dann die Schöpfung erst in ihrer eigentlichen Wahrheit und Wirklichkeit erkennen.

25 Heute haben viele Angst, daß der Rüstungswahnsinn zu einem katastrophalen Krieg führen und daß die Umweltzerstörung unsere Welt bald immer mehr zugrunde richten wird. Ein realisti-

scher Blick in die Weltpolitik läßt diese Sicht durchaus als gerechtfertigt erscheinen... Wenn ich versuche, die Situation vom Glauben her zu sehen, so darf ich an den Fakten nicht vorbeisehen. Aber es kommt darauf an, wie ich die Fakten deute ... Im Glauben sehe ich, daß Gott trotz allem der Herr der Welt ist ... Das gibt mir Hoffnung, daß Gott trotz aller menschlichen Mißerfolge alles zum Besten lenken kann. Der Glaube gibt mir einen langen Atem.

26 Das Geschick der Welt hängt nicht vom Erfolg oder Mißerfolg meines Tuns ab. Allerdings ist der Glaube nicht so naiv, zu meinen, alles werde sowieso gut. Es könne ja keinen Krieg geben, weil Gott uns doch liebe ... Aber der Glaube gibt Hoffnung, daß durch das Gebet Gott doch in den Menschen allmählich einen Prozeß des Umdenkens in Gang setzt, daß die Gedanken des Friedens sich in den Gehirnen der Politiker mehr und mehr durchsetzten. Und der Glaube gibt mir die Gewißheit, daß diese Welt zwar vergehen wird, daß sie auch durch eine Katastrophe hindurchgehen kann, aber daß die Menschen diese Welt nicht daran hindern können, in Gott hinein zu fallen.

27 Die Welt wird wie wir selbst durch den Tod hindurch zu Gott kommen. Die apokalyptischen Bilder der Bibel schildern uns die Zustände

in der Endzeit nicht gerade optimistisch. Aber das Ziel der endzeitlichen Bedrängnisse ist die Errichtung der Gottesherrschaft. Am Ende wird Gott über die Welt herrschen und alles wird in Gott sein.

28 Keine Vertröstung auf das Jenseits, als ob wir hier nichts zu tun bräuchten und den Dingen ihren Lauf lassen müßten. Aber dieser Blick auf das Ende relativiert all unser Tun. Er befreit uns von dem übertriebenen Druck, als ob alles von uns abhinge. Er bewahrt uns vor der ohnmächtigen Wut, in die uns die Enttäuschung über unsere Wirkungslosigkeit unwillkürlich führen würde. Die Umdeutung unserer Welt im Glauben läßt uns realistischere Lösungen für die Probleme unserer Zeit suchen als die utopischen Vorstellungen, von denen sich heute viele Weltverbesserer leiten lassen.

29 Die Umdeutung der Welt rechtfertigt nicht die bestehenden Verhältnisse, aber sie erkennt die Fakten an. Sie traut den Verheißungen Gottes. Sie träumt die Träume mit, die Gott mit uns und unserer Welt hat.

30 Im Glauben wissen wir auch, daß das Reich Gottes als Ziel unserer Welt keine rein diesseitige Größe ist. Der Glaube arbeitet an einer gerechten und friedlichen Welt mit, aber er verfällt nicht der utopischen Vorstellung, als ob Gerech-

tigkeit und Frieden nur von Verstand und Willen her zu erreichen wären.

31 Weil die Erlösung von Gott her kommt und weil sie durch das Kreuz kommt, hat der Glaubende keine Angst vor Rückschlägen. Weil er Gott etwas zutraut, verausgabt er sich nicht mit dem Aufspüren aller negativen Fakten und mit dem Jammern über unsere schlechte Welt, sondern er hat noch Energie frei, die nötigen Schritte zu tun, um an einer positiven Veränderung unserer Welt mitzuarbeiten, an einer Veränderung, die realistisch und wirklichkeitsgerecht und daher heilbringend ist, während alle utopischen Änderungsversuche immer neue Probleme schaffen und schließlich selbst zum Problem werden.

Juni

1 Glauben meint, den andern mit guten Augen anschauen, mit Augen, die das Gute in ihm entdecken ... Das aber heißt nicht, daß wir das Negative in ihm übersehen. Wir sehen nur hindurch auf den guten Kern in ihm. Und dieser gute Kern ist in ihm auch objektiv da. Wir übersehen ihn nur oft genug. Wenn wir den Menschen also objektiv betrachten wollen, so müssen wir diesen positiven Blick des Glaubens ganz bewußt einüben.

2 Mit den Augen des Glaubens entdecken wir, daß im andern ein göttlicher Kern ist, daß Christus selbst in ihm ist. Wenn wir den andern bewußt mit diesem Glauben betrachten, dann werden wir auch Neues in ihm entdecken, dann werden wir hinter seiner rauhen Schale einen weichen und guten Kern entdecken, dann werden wir neben all seinen kaputten Seiten auch die Sehnsucht verspüren, gut zu sein, die Sehnsucht, ganz, heil, mit sich und der Welt ausgesöhnt zu sein.

3 Gott liebt den andern Menschen und glaubt an das Gute in ihm. Wenn wir von diesem Modell her den andern umdeuten, dann geben wir ihm die Möglichkeit, daß er unsere Deutung über-

nimmt und nun selbst an das Gute in sich glaubt. Dann wird sich in ihm etwas verändern.

4 Was ich als gut erkannt habe, das behandle ich auch gut, das habe ich auch gern. Was mir durch die neue Sehweise ans Herz gewachsen ist, das werde ich behutsam und zärtlich anfassen ... Die Liebe behandelt nicht nur gut, sie macht auch gut. Sie weckt das Gute, das der Glaube im Umdeuten der Wirklichkeit entdeckt hat, zum Leben. Die Liebe verwandelt die Wirklichkeit, sie formt sie gut, sie gestaltet das Gute in ihr aus. Der Glaube deutet um, die Liebe wandelt um.

5 Die Liebe behandelt nicht nur gut, sie macht auch gut. Sie weckt das Gute, das der Glaube im Umdeuten der Wirklichkeit entdeckt hat, zum Leben. Die Liebe verwandelt die Wirklichkeit, sie formt sie gut, sie gestaltet das Gute in ihr aus. Der Glaube deutet um, die Liebe wandelt um.

6 Lieben ist gut haben und gut machen. In dieser Sicht spielt das Gefühl eine untergeordnete Rolle. Das Entscheidende ist das Tun, aber kein äußerliches Tun, das man sich als Gebot oder Pflicht von außen auferlegt, sondern ein Tun, das aus einem Sehen kommt. Die Liebe muß echt sein, nicht künstlich aufgesetzt, nicht fassadenhafte Freundlichkeit. Was die Liebe echt macht, ist aber

nicht ein überströmendes Gefühl der Sympathie oder des Verliebtseins, sondern der Glaube an das Gute im andern.

7 Wenn ich daran glaube, daß ich von Gott als gut geschaffen worden bin, daß er mich mag, daß er mich annimmt, wie ich bin, dann muß ich auch selbst gut mit mir umgehen. Das fängt damit an, daß ich auf meine innersten Wünsche und Sehnsüchte höre und mir das gönne, was mir wirklich gut tut.

8 Ich muß so tief in mich hineinhorchen, daß ich auf Gott in mir stoße und verstehe, was er von mir will. Das ist dann das, was mir wirklich gut tut, was mein ganz persönliches einmaliges Leben in mir weckt … Dieses Leben soll ich mir gönnen und es zu entfalten suchen. Eine Hilfe kann dabei sein, meinen eigenen Lebensstil zu entwikkeln, einen gesunden Lebensstil, in dem ich mich wohl fühle, der mir das Gefühl gibt, daß ich selbst lebe und nicht gelebt werde, daß ich ganz im Augenblick lebe, ganz ich selbst und ganz in dem, was ich gerade tue, und daß ich allem, was ich tue meine Form aufpräge.

9 Das Gefühl, gelebt zu werden, von andern getrieben und bestimmt zu werden, macht uns unzufrieden. Die Liebe zu uns selbst würde darin

bestehen, gut mit unserer Zeit und mit ihren Herausforderungen umzugehen und das, was uns von außen vorgegeben ist, zu unserem Eigenen zu verwandeln. Wenn wir den Eindruck haben, von andern bestimmt zu werden, von Terminen gejagt zu werden, dann erleben wir das als Entfremdung.

10 Sich selbst annehmen heißt, sich selbst in seine Hände nehmen, zärtlich und gut mit sich umgehen. Liebe ist etwas Handgreifliches, etwas Leibhaftiges. Ich gehe gut mit mir um, wenn ich meinen Leib gut behandle, ich soll ihn nicht verweichlichen, sondern durchsichtig machen auf Gott hin. Ich soll auf ihn hören. Durch Krankheit, durch Behinderungen, durch Schmerzen sagt er mir etwas über mich selbst aus. Was er mit sagt, das soll ich annehmen, in meine Hände nehmen, einen Teil von mir werden lassen, mich damit aussöhnen.

11 Auch meine Gedanken soll ich annehmen, als einen Teil von mir akzeptieren. Aber ich soll auch unterscheiden, ob die Gedanken nicht von außen auf mich einstürmen und mich daran hindern, ich selbst zu sein. Dann muß ich auch gegen die Gedanken kämpfen und mich dadurch gut behandeln, daß ich gute Gedanken in mich einlasse, mich von ihnen heilen lasse. Die Mönche füllten sich bewußt mit guten Gedanken an, indem sie die

Bibel lasen. Bibel lesen war für sie nicht nur Gottesliebe, sondern auch ein Stück Selbstliebe. Denn die Bibel vertreibt unsere negativen Gedanken und heilt uns durch die göttlichen Gedanken, die uns unseren eigentlichen Kern erst entdecken lassen.

12 In seinen Abschiedsreden sagt Jesus: „Wenn ihr mich liebt, werdet ihr meine Gebote halten“ (Joh 14,15). Jesus beschreibt Liebe als Verhalten, als Tun. Die Gebote halten, heißt, mit sich selbst, mit seinem Leben, mit seiner Zeit, mit der Schöpfung und mit den Menschen so umgehen, wie es Gott entspricht. Die Liebe zu Gott zeigt sich im richtigen Umgang mit seinen Spiegelungen, mit seiner Schöpfung, vor allem mit seiner höchsten Schöpfung, dem Menschen.

13 Gott mit ganzem Herzen zu lieben, das meint, daß wir Gott an die erste Stelle rücken, daß wir alles so behandeln, wie es der Wirklichkeit entspricht, als das uns von Gott Gegebene und nicht als Gott selbst. Gott lieben ist damit letztlich der wirklichkeitsgerechte Umgang mit Menschen und Dingen, mit unserer Zeit und mit unserem Leben.

14 Wenn mir meine Gesundheit zum höchsten Gut wird, dann kreise ich übertrieben um mich. Ich bin darauf fixiert, daß mit ja nichts schadet. Meine Gesundheit wird mir dann zum Göt-

zen. Und schon gehe ich nicht mehr gut mit mir um. Wenn ich Gott liebe, schaue ich auch auf meine Gesundheit, ich richte mich nicht zugrunde, weil ich das und jenes noch erreichen möchte, sondern ich gönne mir Zeit und Ruhe. Aber ich kreise nicht um mich und meine Gesundheit. Ich bin frei, mich in Dienst nehmen zu lassen. Ich nehme auch die Krankheit aus Gottes Händen an, als etwas, worin er zu mir spricht, mich auf meine Grenzen hinweist, auf eine innere Unordnung, die in mir ist, oder aber einfach als das, was er mir in seinem unerklärlichen Ratschluß zumutet, vielleicht um ein Stück Unheil in dieser Welt auszuleiden.

15 Wenn ich die Welt um mich herum als Geschenk Gottes an mich behandle, dann hege und pflege ich sie, dann beute ich sie nicht aus, dann spiele ich mich nicht zu ihrem Herrn auf. Gott ist Herr über die Schöpfung. Sie spiegelt seine Herrlichkeit und seine Macht wider. In meinem Umgang mit der Schöpfung beachte ich immer, daß ich in ihr etwas von Gott berühre. Seine Schöpfung ist von seinem Geist durchdrungen. In der Schöpfung gehe ich daher im wahrsten Sinne des Wortes handgreiflich mit Gott um.

16 Kann ich Gott nur in seinen Spiegelungen lieben, im Mitmenschen, in der Schöpfung, in mir selbst? Gibt es nicht auch eine direkte Bezie-

hung zu Gott? Die Psalmen sprechen auch davon, daß wir Gott lieben, indem wir einverstanden sind mit dem, was er in der Schöpfung geschaffen und was er in der Geschichte getan hat.

17 Die Liebe zu Gott zeigt sich in der Zeit, die wir uns für ihn nehmen. In dieser Zeit beschäftigen wir uns bewußt mit dem, der hinter aller Schöpfung und Geschichte steht, der auch hinter unserem Leben steht. Und dieses Geheimnis, das alle sichtbare Wirklichkeit übersteigt, wird in der Bibel als eine Person gesehen, mit sehr menschlichen Farben geschildert, als liebenswerter Gott, aber oft genug auch als unverständlicher Gott, über dessen Tun man lange nachdenken muß, mit dem man lange ringen und kämpfen muß, um sich schließlich zu ergeben und daran glauben zu können, daß man sich in seine liebenden Hände hinein ergibt.

18 Die Welt und die Menschen werden nur durchlässig auf Gott hin, wenn wir uns Zeit nehmen allein für diesen Gott, wenn wir in die Stille hinein horchen, um diesem Geheimnis näher zu kommen, es besser zu verstehen und schließlich mit ihm eins zu werden. Gott lieben heißt letztlich, mit ihm eins werden. Die Liebe deutet nicht nur um, sie wandelt um. Sie nimmt Gott und sein unbeschreibliches Geheimnis so in die Hände, daß

sie eins werden mit ihm. Das ist das Ziel aller Liebe, eins zu werden mit Ihm.

19 Um das Einswerden mit Gott zu erfahren, müssen wir die Welt, die Menschen und uns selbst vergessen und uns allein auf Gott einlassen, uns in ihn hineinversenken, vor ihm niederfallen und ihn anbeten. In der Anbetung wollen wir nichts mehr für uns selbst erreichen. Wir bitten Gott um nichts, auch nicht um die Lösung unserer Probleme... geben das Kreisen um uns selbst auf und fallen einfach nieder, weil Gott uns berührt, weil er wichtiger ist als unsere persönliche Verfassung. In uns allen steckt diese Sehnsucht, endlich einmal sich selbst vergessen zu können und so von Gott berührt zu werden, daß uns aufgeht: Gott allein genügt. Dann ahnen wir, was es heißt, Gott um seiner selbst willen zu lieben.

20 Das Gebot der Bruderliebe scheint uns zu überfordern. Wie kann ich einen Menschen lieben, der mir unsympathisch ist, der in mir negative Gefühle auslöst? ... Zur Liebe müssen wir uns nicht zwingen. Die Liebe folgt aus dem Glauben ... Wenn wir im andern eine Sehnsucht nach dem Guten entdecken, werden in uns auch positive Gefühle hochkommen. Lieben bedeutet dann, den andern so zu behandeln, daß wir seine Sehnsucht nach dem Guten ernst nehmen, daß wir das

Gute in ihm immer mehr hervorlocken, daß wir dazu beitragen, daß das Gute in ihm das Krankhafte und Unheile, das Böse und Dunkle immer mehr überwindet, so daß der ganze Mensch gut wird. Lieben heißt den andern gut machen, ihn immer mehr in einen guten Menschen verwandeln.

21 Wie der Glaube, so verläßt auch die Liebe die Ebene, auf der man endlose Spiele spielt. Ein endloses Spiel ist das Spiel von Sieg und Niederlage. Manche Menschen können nur auf der Ebene von Sieg und Niederlage miteinander umgehen. Entweder bin ich stärker oder schwächer als der andere, entweder siege ich oder er. Einer muß immer verlieren. Doch das ist ein Spiel ohne Ende. Denn wenn ich einmal verloren habe, so kämpfe ich darum, das nächste Mal zu gewinnen. Und wenn ich nicht gegen den gleichen Partner gewinnen kann, suche ich mir andere aus, die ich besiege. Denn ich kann es nicht aushalten, ein ewiger Verlierer zu sein.

22 Wer in sich oder vielmehr in Gott seinen Grund und seinen Wert gefunden hat, der kann auch den andern in seinem Wert gelten lassen. Die Liebe, die den andern gelten läßt, ist weniger anstrengend als der ständige Druck, über den andern siegen zu müssen. Indem ich die Ebene von Sieg und Niederlage überspringe, entziehe ich mich

dem ständigen Kampf, mich behaupten zu müssen. Und auf einmal entdecke ich viel positivere Möglichkeiten, mit dem andern umzugehen. Ich kann mich an seinem Wert freuen.

23 Die Liebe verläßt die Ebene von Sieg und Niederlage, sie überspringt sie und geht mit dem andern auf einer höheren Ebene um. Sie sieht ihn nicht als Konkurrenten, sondern als einen Menschen, in dem viel Gutes steckt. Und sie ist daran interessiert, das Gute in ihm zu verstärken, seine Möglichkeit in ihm zu wecken und ihn leben zu lassen.

24 Im Wesen der Liebe liegt es, sich von Intuitionen leiten zu lassen, phantasievolle Lösungen auszudenken, neue Wege und Möglichkeiten zu entdecken. Die Liebe macht erfinderisch. Manchmal ist sie auch ein bißchen verrückt. Aber ihre verrückten Lösungen sind menschlicher als das endlose Spiel auf der Ebene von Sieg und Niederlage.

25 Wir verwechseln oft Liebe mit Harmonie. Es wäre doch so schön, wenn alle harmonisch miteinander leben könnten. Aber das ist eben eine Utopie. In unserer Sehnsucht nach Harmonie sind es ja meist die andern, die diese Harmonie stören. Und dann haben wir auf einmal Probleme, die Spiel-

verderber weiter zu lieben. Die echte Liebe stellt keine Bedingungen an die andern. Sie nimmt sie, wie sie sind.

26 Die Sehnsucht nach Harmonie weicht der harten Realität aus und flüchtet in eine Scheinwelt. Die Liebe stellt sich der Wirklichkeit, sie läßt sich auf sie ein und wandelt sie um. Verwandeln kann man nur, was man angenommen hat. Diesem Grundgesetz des Lebens folgt die Liebe, indem sie bejaht, was sie vorfindet.

27 Es ist eine Erfahrungstatsache, daß wir mit Loben bei vielen Menschen oft weiterkommen als mit ständiger Kritik. Wer Kinder zu erziehen hat, der weiß, wieviel ein lobendes Wort bewirken kann. Wenn ich im Lob das Gute am andern benenne, wecke ich es zum Leben, ich locke das Gute in ihm hervor. Das Lob vergißt nicht, daß im andern auch negative Seiten sind, die keineswegs gelobt werden können. Aber das Loben spricht bewußt das Gute an. Es hebt das Gute ins Wort und damit zum Leben.

28 Wer das Loben allerdings nur als pädagogischen Trick einsetzt, wird vom andern bald durchschaut werden. Und dann wirkt das Lob nicht mehr ... Im Loben sollen wir von unseren Absichten absehen und auf den andern sehen, ihn in den

Mittelpunkt stellen. Das kommt schon in der sprachlichen Form zum Ausdruck. Ich sage zwar zu einem, „ich danke dir“, aber nie, „ich lobe dich“, sondern ich kleide das immer in einen Satz, in dem der andere Subjekt ist: „du hast das gut gemacht, du siehst schön aus, du hast einen guten Eindruck gemacht.“ Im Loben vergesse ich mich, vergesse ich auch die Wirkung des Wortes auf den andern.

29 Im Loben lasse ich dem andern Raum. Er wächst durch das Lob. Er kann sich entfalten. Das Gute in ihm wird durch mein Ansprechen verstärkt. Und er kann nun selbst ein Stück mehr an das Gute in sich glauben, es zulassen und so sein Wachsen fördern.

30 Es gibt bei jedem Menschen neben seinen Fehlern und Schwächen immer auch etwas, das man loben kann. Indem ich das Negative übergehe und das Positive ins Wort hebe, deute ich den andern um. Ich will ihn gar nicht ändern, sondern versuche, ihn anders zu sehen. Das ändert zumindest mich selbst. Und diese Änderung wird auch der andere wahrnehmen.

Juli

1 Viele Menschen sind offensichtlich fasziniert von der Erfahrung des Auf-dem-Weg-Seins, die ihnen das Wandern vermittelt. Sie sehen darin ein Sinnbild für ihr Leben. Das Leben ist ein Weg. Schritt für Schritt geht jeder seinen Weg, trägt seine Lasten mit. Es gibt Umwege, Irrwege, Durststrekken, beschwerliche und leichte Wege. Man geht Wege, die andere vorausgegangen sind. Sie haben Wegzeichen aufgestellt, damit wir unseren Weg finden.

2 Beim Wandern wird die Gemeinschaft neu erfahrbar. Die körperliche Anstrengung verbindet miteinander, stärker als das manchmal Gespräche vermögen. Menschen verschiedenster Prägung wachsen beim Wandern zusammen, sie werden solidarisch, Weggefährten. Wandern formt den Menschen mit Leib und Seele. Alle Sinne werden angesprochen. Der ganze Mensch ist einbezogen, er erfährt sich auf dem Weg, lebendig, noch einer Wandlung fähig. Er wird als ganzer erfahren, als ganzer gewandelt.

3 Für viele hat das Wandern auch eine religiöse Seite. Das zeigt nicht nur die steigende Teilnehmerzahl an den Wallfahrten ... Die jungen Menschen, die auf den alten oder neuen Pilgerstraßen wandern, erwarten sich von ihrem Weg eine Begegnung mit Christus. Sie wollen ein Stück Christus nachgehen, von ihm beim Wandern mehr erfahren als durch Bücher und Vorträge. Sie wollen seine Existenz begreifen, die Existenz eines Wanderpredigers, der drei Jahre lang durch Palästina zog ohne bleibende Stätte. Sie wollen etwas erahnen von der Kirche als einer Weggemeinschaft, vom pilgernden Volk Gottes. Und sie wollen spüren, was es heißt, daß Christus unsere Wege mit uns geht, ja daß er selbst unser Weg geworden ist.

4 Wenn der Glaube in der Bibel mit Begriffen wie „ausziehen, pilgern, unterwegs sein" ausgedrückt wird, so kann man etwas vom Wesen des Glaubens verstehen, indem man sich auf den Weg macht.

5 Neben den Mönchen, die ihr Leben lang in einer Zelle blieben, um in Schweigen und Gebet, in Fasten und Arbeit sich immer mehr für

Gott aufzubrechen, gab es in der Antike und im frühen Mittelalter auch Mönche, die das ständige Umherwandern als ihr Ideal ansahen. Sie verstanden sich als peregrini, als Pilger, als Fremde in dieser Welt.

6 Der Fremde wirkt als der Andersartige, Nicht-durch-schaubare, befremdend, beängstigend, unheimlich. Und ebenso wirkt auf ihn die Fremde bedrückend und bedrohend. Der Fremde ist anfangs immer auch der Feind, daher vogelfrei, rechtlos. In-der-Fremde-sein ist daher auch Im-Elend-sein. Darum war es für alle antiken Religionen ein Gebot, den Fremden als den rechtlosen Armen aufzunehmen, ihm Gastfreundschaft zu gewähren. Der Fremde steht unter dem besonderen Schutz der Götter.

7 Im Christentum spielt die Gastfreundschaft eine große Rolle. Christus wird immer wieder als Gast eingeladen und kann gerade als Gast bei den Menschen seine Frohe Botschaft verkünden. Und seine Jünger können ihre Sendung nur erfüllen, weil ihnen immer wieder Gastfreundschaft gewährt wird. Christus gibt der Gastfreundschaft ein neues Motiv: er selbst ist der Fremdling, den man beherbergt. Damit vertieft er die in der Anti-

ke verbreitete Anschauung, daß himmlische Wesen von den Menschen aufgenommen und bewirtet werden.

8 Für die Christen wird Gastfreundschaft zur Liebe zu Christus. Im Fremden begegnen sie Christus selbst und nehmen ihn in ihr Haus auf. Und im Gericht werden sie gefragt, ob sie im Fremden Christus gesehen und ihn wie Christus behandelt haben (Mt 25,31–46).

9 Christus bezeichnet sich als Fremden, als einen, der nichts hat, wo er sein Haupt hinlegen kann. Und Jesus beschreibt sein Fremdsein mit einem Sprichwort, das auch den Griechen bekannt war: „Die Füchse haben Gruben, und die Vögel des Himmels haben Nester, der Menschensohn aber hat nichts, wo er sein Haupt hinlege" (Lk 9,58). Im Gegensatz zum Tier ist der Mensch unbehaust. Die Welt ist ihm fremd.

10 Für die Griechen ist der Mensch in dieser Welt ein Fremder, weil seine Seele in der Welt des Geistes beheimatet ist … Die Bibel sieht die Fremdheit des Menschen anders. Der Mensch ist durch die Sünder Gott gegenüber entfremdet worden. Seit

dem Sündenfall ist ihm auch die Welt keine Heimat mehr. Er wurde aus dem Paradies vertrieben und muß nun durch die Welt wandern. Im Paradies war er zu Hause, da konnte er wohnen. Nun ist ihm die Welt fremd, feindlich geworden. Er kann sich nirgends für immer niederlassen.

11 Im alten Mönchtum werden immer wieder die gleichen Bibelstellen herangezogen, um den Begriff der peregrinatio – wandern oder wohnen im fremden Land – zu erklären. Da ist einmal Gen 12,1–3, die Stelle vom Auszug Abrahams aus seiner Heimat, seiner Verwandtschaft und seinem Vaterhaus, dann Mt 19,21.29: das Verlassen von Haus, Brüdern, Schwestern, Vater, Mutter, Frau und Kindern wird zur Bedingung der radikalen Nachfolge Jesu, ebenso der Verkauf allen Besitzes, der bei Antonius am Anfang seiner Berufung steht.

12 „Wer mir nachfolgen will, der verleugne sich selbst, nehme sein Kreuz auf sich und folge mir nach.“ Die Nachfolge Jesu bedeutet, wie er fremd sein in dieser Welt, durch diese Welt zu wandern, ohne ein Nest zu haben, in dem man sich niederlassen kann.

13 Voraussetzung für ein Leben als Pilger ist das Verlassen der Eltern und des heimatlichen Bodens. Je weiter man sich von der Heimat entfernt, desto leichter, so meinen vor allem die irischen Mönche, komme man an das Wesen der peregrinatio heran, desto mehr werde das Leben eine Suche nach der himmlischen Heimat. So heißt es von irischen Mönchen: Indem sie die Heimat verließen, begannen sie, nach der himmlischen Heimat zu suchen.

14 Es geht den Mönchen um den inneren Weg. Und auf diesen Weg mache ich mich nur, wenn ich mich freigehe von allem, was mich daran hindert, ich selbst zu sein. Wandernd muß ich die Rollen ablegen, die ich spiele, die Masken abfallen lassen, die mein Wesen verdecken und entstellen. Wer bin ich, der da geht, wenn all das Zufällige wegfällt, wenn nicht mehr zählt, was ich geleistet habe, was ich bei den Menschen gelte?

15 Wandernd gehe ich mich hinein in mein Wesen, in meine Wahrheit, in meinen Kern. Was die Menschen von mir halten, ist nicht wichtig, das fällt beim Gehen ab. Was ist mein Kern, wer bin

ich wirklich vor Gott? Im Wandern ziehe ich aus aus allem Zufälligen und mache mich auf den Weg zu mir selbst, auf den Weg zu Gott, zu meinem Gott, zum Gott meines Lebens.

16 Das Wandern als leibhaftige Meditation meint nicht eine Meditation über etwas, sondern eine Einübung in etwas. Im Wandern übe ich den inneren Auszug ein. Ich gehe mich hinein in eine innere Freiheit. Indem ich mich dem Gehen überlasse, ziehe ich aus aus dem, was mich gefangenhält, ich ziehe aus aus Gewohnheiten, die mich fesseln, aus Bindungen an Menschen, ohne die ich nicht leben kann, aus der Unfreiheit, in die mich meine Bedürfnisse und Wünsche gebracht haben, ich lasse meinen Besitz hinter mir, Komfort und Bequemlichkeit. Ich verzichte auf den Kontakt mit Menschen. Für sie bleibe ich eine Zeitlang unerreichbar. So ziehe ich aus aus der Welt, aus der Verbindung mit ihr und gehe mich in eine immer größere Freiheit hinein, in die Freiheit des Glaubens, der sich an nichts festhält außer an Gott.

17 Das ständige Gehen, die gleichmäßige Bewegung, der man sich überlassen kann, ohne viel zu denken, kann zu einem Reinigungsweg werden. Man kann vieles abfallen lassen. Innere Unruhe legt sich, das, was einen gerade noch geärgert oder aufgewühlt hat, kommt zur Ruhe. Man geht sich frei

von aller Unrast und von allem Unrat der Seele. Viele Menschen machen die Erfahrung, daß sie durch das Gehen ruhiger werden, ruhiger als wenn sie sich schweigend hinsetzen würden.

18 Im ständigen Weitergehen üben wir das innere Weitergehen ein. Wir lassen uns auf einen Weg ein, der uns ständig wandelt. Wandern und Wandlung hängen schon sprachlich zusammen. Wer wandert, wandelt sich mit jedem Schritt. Er bleibt nicht der gleiche. In ihm bewegt sich etwas. Wandern und wandeln haben die gleiche Wurzel „werden“. Es geht beim Wandern um eine innere Wende, um eine Umkehr. Umkehr bleibt nicht einmalig, sondern beständiger Auftrag. Wandern heißt „wiederholt wenden“, sich ständig wandeln.

19 Wer den Auszug aus der Heimat und dem Vaterhaus vollzogen hat, der ist ein monachus peregrinus, auch wenn er nicht ständig umherwandert. Er führt dann sein Leben als Fremder, als einer, der sich nirgends in dieser Welt festsetzt und heimisch fühlt ... Der eigentliche Auszug geschieht nicht aus den Orten der Heimat, sondern aus sich selbst. Sich selbst muß man verlassen, aufgeben, das Kreuz muß man auf sich nehmen, um sein Leben als Weg, als Nachfolge Christi verstehen zu können.

20 Nicht die Menge der gewanderten Kilometer zählt, sondern die Freiheit, in die der Auszug und das Unterwegssein führen. Das Gehen bewirkt nicht automatisch diese Freiheit, aber es könnte uns in sie einüben. Im Gehen bin ich nirgends daheim, lasse ich mich nirgends nieder. Ich lasse die schönsten Landschaften hinter mir. Ich will die Eindrücke nicht festhalten. Ich gehe durch diese Welt hindurch wie durch etwas Vorläufiges. Dieses Verständnis von Wandern unterscheidet sich wesentlich von unserer heutigen Sicht. Wir wollen etwas erleben, von dem wir dann interessant erzählen können. Die Mönche ziehen nicht durch die Welt, um Neues zu erleben, sondern um neu zu werden. Sie wollen im Gehen ihren Glauben einüben, daß sie Fremdlinge und Pilger auf dieser Erde sind, daß nicht die Erde mit all ihrer Schönheit, sondern allein Gott ihre Heimat ist.

21 Glauben heißt, die Welt übersteigen auf Gott hin, der Welt fremd werden und sich auf den Weg zu Gott machen. Wir haben hier keine bleibende Stätte, sondern wir sind immer unterwegs als Pilger. Was uns auf dem Wege hält, das ist die brennende Sehnsucht nach der Heimat.

22 Wer versucht, sein Wandern einmal unter dem Aspekt zu sehen, daß er auf Gott zugeht, der kann erfahren, wie relativ für ihn alles wird, was

er hier auf Erden tut. Er geht über diese Welt hinweg auf Gott hin. Der Boden entschwindet immer wieder seinen Füßen. Er bietet ihm keinen festen Halt. Wir gehen immer weiter, alles bleibt zurück. Wir berühren diese Erde mit jedem Schritt, aber wir verlassen sie auch ständig. Wir spüren, daß wir nichts mitnehmen können in den Himmel.

23 Die alten Mönche waren Pilger, aber keine Wallfahrer ... Das Phänomen der Wallfahrt gab es schon vor Christus. In Griechenland und Kleinasien pilgerten die Menschen in Scharen zu Orten, an denen sie die Heilkraft Gottes erleben und seine Weisung im Orakel erfahren konnten ... Dieser Glaube hielt sich auch im Christentum durch. Man meinte nun, die enge Verbindung heiliger Menschen mit Gott zeige sich gerade an ihren Gräbern. Dort sei ihre Fürsprache besonders mächtig. Und so pilgerten die Christen bald zu den Märtyrergräbern, um in ihren Nöten Hilfe und Heilung zu finden.

24 Ein Hauptmotiv für die Wallfahrt ist der Wunsch, Gott deutlicher als sonst in seinem Alltag zu begegnen, und der Glaube, daß dies an ganz bestimmten Orten eher möglich sei. Weitere Motive sind die Bitte in bestimmten Anliegen, die Hoffnung auf Erleuchtung und seelische Stärkung, das Vertrauen, am Wallfahrtsort geheilt zu werden.

Viele unternehmen eine Wallfahrt, weil sie ihre oder fremde Sünden sühnen und einen neuen Anfang setzen wollen.

25 Für die Christen ist jeder Wallfahrtsort auch Symbol für das himmlische Jerusalem, für das endgültige Ankommen bei Gott. Wenn man nach tagelangem Pilgern am heiligen Ort ankommt, empfangen vom Gnadenbild und von den für den Ort typischen Liedern, dann ahnt man etwas davon, was es heißt, für immer anzukommen, für immer daheim zu sein, sich auszuruhen, am heiligen Ort bei Gott zu sein, aufgenommen in die Schar der vielen Menschen, die bei Gott ihr Ziel gefunden haben. Wir brauchen die Erfahrung des Ankommens und Angekommenseins, um uns immer wieder neu auf den Weg zu machen.

26 Wenn wir die verschiedenen Redewendungen der Heiligen Schrift mit „gehen" und „Wandern" anschauen, so entdecken wir im Gebrauch des Wortes schon ein ganz bestimmtes Verständnis, ja vielleicht eine regelrechte Theologie. Da sind zunächst viele Redewendungen, die Haltungen angeben, in denen wir wandeln sollen. Wir sollen im Gesetz des Herrn wandeln (Ex 16,4), auf den Wegen des Herrn gehen (Dt 8,6). Statt in Sünden (1 Kön 16,31) und Finsternis (Ijob 29,3), sollen wir im Lichte wandeln (Ijob 24,17, Jes 1,5). Wir sollen

in Demut vor unserem Gott wandeln (Mich 6,8), oder wie Paulus sagt: in der Neuheit des Lebens (Röm 6,4), in der Liebe (Röm 14,15), im Glauben (2 Kor 5,7), im Geist (Gal 6,16) und in der Wahrheit, wie es der Johannesbrief ausdrückt (2 Joh 1,4).

27 Gott verheißt auch, daß er mit den Menschen wandeln will. „Mitten unter euch will ich wandeln, will euch Gott sein, und ihr sollt mein Volk sein! Ich, der Herr, bin euer Gott, der euch aus Ägypten fortgeführt hat, damit ihr nicht länger Sklaven seiet! Ich zerbrach die Stäbe eures Joches und ließ euch in aufrechter Haltung dahingehen" (Lev 26,12f). Für die Israeliten war das Mitgehen Gottes ein Bild für ihre Erlösung.

28 Nicht nur Gott geht mit uns und wir mit Gott. Die Heilige Schrift spricht auch oft davon, daß Menschen miteinander gehen. Mit dem andern gehen ist Zeichen der Solidarität, des Mitseins mit ihm. So heißt es Jes Sir 7,34, daß wir mit den Trauernden gehen sollen. Wenn ich mit dem andern gehe, werde ich eins mit ihm, erfahre ich Gemeinschaft mit ihm … Das gemeinsame Gehen verbindet miteinander. Die Erfahrung der gleichen Mühen, das Teilen der körperlichen Anstrengung schafft eine Voraussetzung, auch mit dem Herzen des andern eins zu werden. Wer auf dem Wege ist,

ist noch offen für den andern, er wird sich einig werden mit ihm.

29 Wohin geht unser Weg? Zum Hause des Herrn, zum Vater. Der Pilger betet auf dem Weg nach Jerusalem: „Wie froh war ich, als man mir sagte: Wir ziehen zum Hause des Herrn." (Ps 121) ... Das Ziel des Wanderns ist immer die Heimat, das Daheimsein beim Vater. Wie der verlorene Sohn sollen wir uns aufmachen und zu unserem Vater gehen. Alle andern Wege führen nur ins Verderben und machen uns genauso unglücklich wie ihn. Er weiß es aus Erfahrung. Er ist die falschen Wege gegangen.

30 Zum Vater gehen, das kann über das Kreuz führen wie bei Petrus: „Als du jünger warst, gürtetest du dich selbst und gingst wohin du wolltest. Bist du aber alt geworden, wirst du deine Hände ausstrecken und ein anderer wird dich gürten und dich hinführen, wohin du nicht willst" (Joh 21,18). Wir können uns den Weg nicht selbst aussuchen. Wir gehen, wohin uns ein anderer führt.

31 Die Gefahr des Abirrens liegt nahe. Psalm 107 spricht von denen, die da umherirren in der Wüste und den Weg zur wohnlichen Stadt nicht finden. So ist die Bitte berechtigt: „Zeige mir, Herr, deine Wege, lehre mich deine Pfade" (Ps 25). Un-

sere Wege sind oft nicht Gottes Wege. Wir können in die Irre gehen. Wir vermeinen, auf dem richtigen Wege zu sein und doch kommen wir da nicht ans Ziel. Wer diese Erfahrungen beim Wandern gemacht hat, der versteht den existentiellen Ernst einer solchen Bitte, daß unsere Wege auch Gottes Wege seien, richtige Wege, Wege, die ans Ziel führen, zum Vater, zur wohnlichen Stadt, in die Heimat.

August

1 In der früheren Askese waren wir zu sehr darauf fixiert, uns von negativen Gedanken und Gefühlen fernzuhalten … Emotionen und Sinnlichkeit blieben eine Bedrohung von außen, sie waren der Gegner, vor dem man die Stadttore verschließen mußte. So blieben sie draußen und konnten nicht verwandelt werden … Der Weg der Wandlung würde bedeuten, daß ich meine Gefühle und Leidenschaften anschaue und mit ihnen bewußt umgehe, daß ich mit den Urkräften und Leidenschaften verhandle, die mich bedrohen, und mit ihnen Frieden schließe.

2 Die Verwandlung geschieht wie in den Märchen entweder durch das Entgegensetzen oder durch das Auf-den-Grund-Gehen. Ich kann die Gefühle und Leidenschaften anschauen und mit ihnen umgehen. Ich kann sie zur Verwandlung zwingen, indem ich ihnen Widerstand entgegensetze, so wie die Wasserkraft nur durch einen Staudamm in Elektrizität verwandelt werden kann. Oder aber ich kann mich in die Emotionen und Leidenschaften hineinlassen, in die bisher verschlossene Welt des Unbewußten, das sich in ihnen meldet, einsteigen, um dann mit einer neuen Kraft beschenkt wieder aufzutauchen.

3 Manchmal weiß ich gar nicht, wann und wie und warum sich etwas in mir verwandelt. Das Leben selbst wandelt mich. Jeder Weg, den ich gehe, ist ein Wandlungsweg. Schon vom Wort her hängen Wandern und Wandeln eng miteinander zusammen. die vielen Wege, auf denen ich wandle, wandeln mich. So geht es einfach darum, sensibel zu werden für das Geheimnis der Verwandlung, die in jedem von uns steckt.

4 Die Verwandlung der Leidenschaften kann man anhand der alten Acht-Lasterlehre aufzeigen, in der sich die Psychologie des frühen Mönchtums ausgedrückt hat … Es geht nicht darum, die Leidenschaften zu vernichten, sondern sie zu reinigen, damit wir durch die Emotionen und die Sinnlichkeit hindurch in Berührung kommen mit unserem innersten Kern, mit unserer Seele.

5 Für die Mönche war der Umgang mit den Leidenschaften das zentrale Thema ihrer Askese. Bevor sie über die Beziehung zu Gott sprachen und über den Weg des Gebetes, widmeten sie sich ihren Leidenschaften. Sie wollten so mit ihnen umgehen, daß sie von ihnen nicht beherrscht würden, sondern daß sie miteinander und mit dem eigenen Personkern in Einklang kämen. Der Weg dahin geht nicht über die Ausrottung der Sinnlichkeit, sondern über ihre Verwandlung, nicht über

das Einsperren, sondern über das Hineingehen in die Leidenschaften und über das Gespräch mit ihnen.

6 Die Mönche vertrauen darauf, daß eine bestimmte Lebensweise die Leidenschaften verwandelt. Wenn der Mensch mit Essen seine negativen Gefühle oder seine Sehnsucht nach Liebe zustopft, dann schadet er sich selbst. Das viele Essen und das Übergewicht macht ihn dann erst recht unzufrieden. Manche bestrafen sich dann selbst mit Fasten. Aber oft kreist ihr ganzes Denken dann nur noch um Essen und Fasten. Das Verlangen zu essen muß verwandelt werden. Ein Ziel dieser Verwandlung ist die Genußfähigkeit. Statt sich das Essen zu verbieten, muß es verfeinert werden. Wenn ich bewußt mein Essen genieße, dann werde ich nie zuviel essen … Das höchste Ziel des Essens ist ja das Einswerden mit Gott. Alle Religionen kennen die heilige Mahlzeit. In allen Menschen steckt die Ahnung, daß sie im Essen in Berührung kommen mit einer göttlichen Kraft, mit göttlicher Qualität, ja mit Gott selbst.

7 Was vom Essen gilt, stimmt für jeden Trieb. Diese Urkräfte wollen uns letztlich zu Gott hin treiben. Doch damit sie uns wirklich zu Gott treiben, müssen sie verwandelt werden. Ohne Verwandlung werden wir durch die Triebe zu Getrie-

benen, zu Menschen, die ohne Ziel hin- und hergetrieben werden von ihren eigenen Leidenschaften.

8 Die Asketen hatten oft genug Angst vor der Sexualität und versuchten, sie mit Gewalt in Zaum zu halten. Dadurch aber wurde sie erst recht hervorgelockt und gezwungen, sich ständig zu regen. Bei Skrupulanten merkt man, daß die verdrängte Sexualität ihr ganzes Denken beherrscht. Ständig sind sie bei dem, was sie verdrängen und abschneiden. Die Sexualität läßt sich nicht verleugnen. Sie will verwandelt werden ... Die Verwandlung der Sexualität braucht nicht nur die Disziplin, sondern auch die Offenheit, sich auf sie einzulassen und sie bewußt zu erspüren und zu erleben. Bewußt erleben heißt natürlich nicht, daß ich unbedingt mit jemandem schlafen muß. Ich muß zunächst einmal bei mir bleiben und in meine Phantasien und Sehnsüchte hineinfühlen. Ich kann sie anschauen und zu Ende denken. Was meldet sich wirklich in meiner Sexualität zu Wort? Wohin will sie mich treiben? Dann kann mich meine Sexualität entweder für das Du eines Menschen öffnen und mich durch eine Freundschaft zu einer Frau oder einem Mann befruchten, oder sie kann hineinströmen in meinen Leib, in dem und mit dem ich mich lebendig fühle, in meine Arbeit, in Beziehungen und in meine Liebe zu Gott.

9 Im Streben nach Besitz steckt die Sehnsucht nach dauernder Ruhe. Aber wir machen die Erfahrung, daß wir desto unruhiger werden, je mehr wir besitzen. Der Besitz kann uns besessen machen. Die Armut, die uns die Bibel empfiehlt, kann leicht auch zu einer Lebensverneinung führen. Man gönnt sich nichts mehr, man hat immer gleich ein schlechtes Gewissen, wenn man auf sein Haus oder seine Bankkonten sieht. Das Streben nach Besitz kann unsere tiefsitzende Angst nicht vertreiben, daß wir einmal mittellos und arm dastehen werden. Die Angst kann unser Besitzstreben zu einem krampfhaften Festhalten pervertieren. Hier kann die Habsucht nur verwandelt werden, wenn wir sie nach innen wenden, wenn wir den Reichtum in unserer Seele suchen, wenn wir Ausschau halten nach dem Schatz im Acker, nach der kostbaren Perle, Bilder für unser Selbst, für Gott auf dem Grund unserer Seele.

10 Damit wir unseren Schatz in der Innenwelt unserer Seele suchen, müssen wir unserem Streben nach äußerem Besitz Grenzen setzen. Sonst werden wir davon beherrscht und umgetrieben. Dabei geht es nicht zuerst um Radikalität, sondern um ein gutes Gleichgewicht zwischen Sichgönnen und Verzichten, zwischen Besitzen und Loslassen. Die Habsucht wird verwandelt, wenn wir unseren inneren und äußeren Besitz mit andern

teilen. Es geht nicht um Lebensverneinung, sondern um Teilen des Lebens. Der Besitz läßt uns teilhaben an Gott, wenn wir ihn mit unseren Brüdern und Schwestern teilen.

11 Die Traurigkeit meint nicht die Trauer, in der ich einen Verlust verarbeite, sondern ein unfruchtbares Selbstmitleid, ein ständiges Jammern, daß alles so schlimm sei und sich keiner um einen kümmere. Sie kann sich wandeln, wenn ich mit meinem Verstand die Gründe meiner Traurigkeit zu entdecken suche. Da werde ich auf übertriebene Wünsche stoßen, auf Illusionen, die ich mir vom Leben gemacht habe, auf Phantasien.

12 Der Verstand allein kann das Gefühl der Traurigkeit nicht vertreiben. Wenn jemand traurig ist, hat es keinen Zweck, ihm zu sagen, er habe keinen Grund dazu, er solle doch froh sein. Gefühle kann man nicht befehlen und sich nicht mit dem Verstand erarbeiten. auch hier kann Verwandlung nur geschehen, wenn ich mich in das Gefühl der Traurigkeit hineinlasse, ihm auf den Grund gehe. Dann kann mich meine Traurigkeit in eine tiefe Ahnung vom Geheimnis des Lebens führen.

13 Es gibt auch eine süße Traurigkeit, eine Melancholie, die dem Leben einen herben, aber doch schönen Geschmack gibt. Mich in meiner

Traurigkeit einrichten und im Selbstmitleid schwimmen, führt nicht weiter, aber durch die Traurigkeit hindurch mich vortasten in den Grund meines Lebens, in den Grund meiner Einsamkeit, meiner Individualität, das tut gut und gibt mir Tiefe und Dichte. Die Traurigkeit über die Wunden, die mir das Leben geschlagen hat, kann mich öffnen für den innersten Kern meines Herzens.

14 Die Alten unterscheiden zwischen Trauer und Traurigkeit. Der Trauernde kann weinen, während man in der Traurigkeit nur weinerlich ist. In der Traurigkeit bleibt der Mensch meistens stekken, weil er nur um sich kreist. Die Trauer dagegen wandelt sich oft unmerklich in Freude. Oft kann man nicht unterscheiden, ob einer Tränen der Trauer oder der Freude weint. Damit meine Traurigkeit in Freude verwandelt werden kann, muß ich sie erst einmal in Trauer wandeln. Ich muß sie bewußt spüren und erleben, anstatt von ihr festgehalten zu werden.

15 Der Zorn. Viele meinen, sie dürfen nicht wütend sein, weil das gegen das Gebot Christi verstoße. Aber in der Wut steckt immer auch eine positive Kraft. Wenn einer wütend wird, weil ein anderer ihn verletzt hat, dann hilft es meistens nicht weiter, wenn er sich zwingt, dem andern zu vergeben ... Die Vergebung steht am Ende der Wut

und nicht am Anfang. Wenn ich mich in die Wut hineinspüre und sie nicht gleich fromm überspringe, wenn ich mir eingestehe, wie sehr mich der andere verletzt hat und wie weh das tut, wenn ich meine Wut in einer guten Weise ausagiere, dann kann ich am Ende der Wut mit dem Gefühl von Mitleid und Barmherzigkeit in Berührung kommen. Ich werde erkennen, daß der andere auch nur ein Mensch ist, der verletzt ist und daher verletzen muß. Wut wandelt sich dann wirklich in Vergebung, die aus echtem Mitfühlen entspringt, die nicht nur vom Willen ausgeht, sondern auch das Herz erreicht.

16 Es gibt Menschen, die Jahre lang Zorn und Wut leben, ohne darüber zu reflektieren. Und auf einmal ist der Vorrat an Wut aufgebraucht und darunter kommen andere Gefühle zum Vorschein, wie Sanftmut und Barmherzigkeit. Hier kann man nicht sagen, was den Zorn verwandelt hat. Offensichtlich haben wir nur eine ganz bestimmte Menge an Wut in uns. Sobald sie verbraucht ist, wandelt sie sich in Güte und Mitleid. Das kann uns Gelassenheit schenken.

17 Viele meinen, sie hätten gar keine Wut. Aber wenn sie sich auf eine geistliche oder therapeutische Begleitung einlassen, kommen sie auf einmal mit tiefsitzenden Gefühlen von Wut und

Zorn in Berührung. Sie spüren auf einmal Wut gegen ihre Eltern, die sie immer klein gehalten haben. Aggressionen kommen hoch, daß sie bisher noch nie gelebt hätten, daß das Leben an ihnen vorbeigegangen sei, daß sie von ihren Eltern, von der Kirche, betrogen worden sein, daß ihnen ihre Askese das Beste des Lebens vorenthalten habe, daß sie sich noch nie etwas gegönnt, daß sie noch nie Lust erfahren hätten. Wenn sie dann ihre Aggressionen zulassen, kann in ihnen viel lebendig werden.

18 Die Lustlosigkeit, die Unfähigkeit, sich auf den Augenblick einzulassen. Man ist nie dort, wo man gerade lebt. Wenn man arbeitet, möchte man beten. Wenn man betet, findet man keinen Geschmack daran. Man kann weder die Arbeit noch das Gebet, ja nicht einmal das Nichtstun genießen. Immer möchte man woanders sein. Lustlosigkeit ist eine innere Zerrissenheit. Man hat keine Mitte mehr, von der aus man sich auf die Arbeit oder auf das Gebet oder auf das Nichtstun einlassen könnte. Man wird von den äußeren Dingen hin- und hergerissen.

19 Es hat keinen Zweck, moralisch anzuschauen und sich zusammenzureißen. Ich soll sie nicht einfach unterdrücken, sondern mich in den Grund meiner Unlust hineinfühlen. Was entdecke

ich auf dem Grund meiner Unzufriedenheit? Vielleicht will da in mir etwas anderes sich entfalten und aufblühen, was ich bisher vernachlässigt habe. Vielleicht komme ich an die Grundentscheidung meines Lebens, ob ich ja sage zu mir und meinem Leben, so wie es geworden ist, oder ob ich in der Auflehnung dagegen verharre. Vielleicht entdecke ich meine Unfähigkeit zur Beziehung, meine Weigerung, mich wirklich einmal treffen zu lassen von Gott, von einem Menschen.

20 Auch die geistigen Laster können wir nicht einfach abschneiden, sie wollen verwandelt werden. In der Ruhmsucht bin ich ganz und gar auf Anerkennung aus. Ich definiere mich von der Bestätigung durch die andern. Bei allem, was ich tue, überlege ich, was die andern davon halten und was sie dazu denken. Ich mache mich ganz und gar von der Meinung der andern abhängig ... Allmählich werde ich mehr und mehr fremdbestimmt. Auch wenn ich mir diese Gedanken verbiete, werden sie mich ständig verfolgen. Oder sie werden sich unmerklich in mich einschleichen, so daß die selbstloseste Tat doch letztlich nur der Anerkennung wegen geschieht.

21 Die Ruhmsucht verweist mich auf die andern. Die frühen Mönche meinten, die Ruhmsucht sei für junge Menschen gut, weil sie sie zur Diszi-

plin und zu einem konsequenten Leben anstachle. In der Ruhmsucht steckt eine große Kraft, die der junge Mensch sich zunutze machen sollte, ein Ehrgeiz, der ihn antreibt in seiner Arbeit und Askese. Doch spätestens in der Lebensmitte muß er dann den Antriebsmotor der Ruhmsucht beiseite lassen und von innenheraus echt und richtig leben. Wir werden die Ruhmsucht nie ganz ausrotten können ... Dann kann die Ruhmsucht zu einem wichtigen Motor werden, der uns antreibt, die Fähigkeiten und Möglichkeiten in uns zu entfalten und die eigenen Kräfte auch zu leben.

22 Der Neid entspringt aus dem ständigen Sichvergleichen. Sobald ich mich mit andern vergleiche, schneide ich immer schlecht ab. Denn es gibt immer andere, die Fähigkeiten haben, die ich bei mir vermisse. Aber wir können kaum vermeiden, daß wir uns mit andern vergleichen. Das ist ganz tief in uns eingewurzelt. Oft äußert sich der Neid in Klatschsucht. Man muß über andere reden, man sucht nach ihren Fehlern, weil man ihnen nicht gönnt, daß es ihnen gut geht. Eine andere Weise des Neides besteht darin, die andern ständig zu entwerten, um sich selbst aufzuwerten. Man spioniert ihre Fehler aus, um ihr Wissen zu disqualifizieren, um ihre Reife als Unreife zu entlarven und ihre Frömmigkeit als Heuchlerei.

23 Im Neid bin ich immer bei den andern, muß sie kleiner machen, um an die eigene Größe glauben zu können. Ich kann mein Leben nicht genießen, weil ich ständig auf die andern schiele, die es vielleicht besser haben. Sobald ich anfange, mich über etwas in meinem Leben zu freuen, entwerte ich die Freude, indem ich bei den andern etwas entdecke, das mir abgeht.

24 Die Frage ist, wie dieser Teufelskreis des Neides aufgebrochen und verwandelt werden kann ... Vielleicht wird sich der Neid wandeln, wenn ich ihn bewußt zulasse und zu Ende denke. Im Neid werde ich in Berührung kommen mit meinen tiefsten Wünschen und mit den Enttäuschungen, die mir das Leben bereitet hat. Ich spüre, was ich auch entfalten könnte und nicht zum Blühen gebracht habe. Statt meine Klatschsucht abzuschneiden, soll ich fragen, welche Sehnsucht darin steckt. Immerhin zeigt sich darin der tiefe Wunsch nach Beziehung ... Wenn ich den Neid zu Ende denke, dann kann er mich antreiben, in mir die Fähigkeiten zu entwickeln, die Gott mir geschenkt hat. Der Neid wird mich nicht mehr lähmen, sondern mich an die Quelle der eigenen Lebensmöglichkeiten heranführen.

25 Die Eifersucht. Die Voraussetzung jeder Wandlung, der Gegensatz von Verstand und Gefühl, hilft bei der Eifersucht kaum weiter. Wenn der andere mir sagt, ich bräuchte doch nicht eifersüchtig zu sein, ich könnte ihm doch vertrauen, so nützt das nichts. Das Gefühl läßt sich vom Verstand nicht vertreiben. Verwandelt wird es nur, wenn ich dem Gefühl nachgehe bis an seine Wurzeln. Was meldet sich in diesem Gefühl zu Wort? Einmal ist es sicher eine große Liebe zum andern, ein tiefes Interesse an seiner Person, die Sehnsucht, mit ihm zusammen zu sein und an seiner Seite zu leben. Aber in der Eifersucht ist immer auch die Angst, den andern zu verlieren, und der Drang, ihn festhalten zu wollen. Solche Eifersucht kann eine Beziehung zerstören, weil sie den andern nicht atmen läßt.

26 Die Eifersucht kann mich auch auf kindliche Wunden hinweisen, auf die Erfahrung, alleingelassen, in meinem Vertrauen enttäuscht worden zu sein. Wenn ich mich in meine Eifersucht hineinspüre, entdecke ich auf dem Grund meines Herzens eine tiefe Einsamkeit und zugleich eine große Sensucht nach Intimität und Liebe. Wenn ich mich aussöhne mit meiner Einsamkeit und meine Sehnsucht nach Nähe und Zärtlichkeit zulasse, dann kann in mir etwas zum Leben kommen. Dann

zerstört die Eifersucht meine Beziehung nicht mehr, sondern befruchtet sie.

27 Die Überheblichkeit bezieht sich auf unser Verhältnis zu Gott und zu uns selbst. In meiner Hybris identifiziere ich mich mit meinen Idealbildern und weigere mich, meine Wirklichkeit anzuschauen. C.G. Jung spricht von Inflation, von Aufblähung. Ein Mensch bläht sich auf, indem er sich mit Archetypen identifiziert, die immer größer und weiter sind als die Person, etwa mit dem Archetyp des Reformators, des Heiligen, des Märtyrers. Sich mit einem Archetyp aufzuladen, wird gefährlich. Denn der Mensch wird blind für die Realität, er wird überschwemmt vom Unbewußten, er wird davon besessen.

28 Die Verwandlung der Überheblichkeit ist sehr schwierig. Stolze Menschen wissen über alles Bescheid, sie lassen sich nicht verunsichern, sie lassen niemand an sich heran, weder einen Menschen, noch Gott ... Die Verwandlung wird nur möglich, wenn der Stolze sich mit sich selbst konfrontiert und mit seinen Gefühlen in Berührung kommt. Das Wissen über seinen Zustand hilft überhaupt nicht weiter. Nur die Beziehung zum eigenen Herzen kann ihn von der Spaltung befreien, in die ihn der Stolz hineingeführt hat.

29 Eine Folge des Stolzes ist die Angst, unter der heute viele Menschen leiden. Die Angst kann den Menschen lähmen, sie kann ihn quälen und überall verfolgen. Manche haben Angst, einen Fehler zu machen, sich zu blamieren, andere haben Angst, einen lieben Menschen zu verlieren, wieder andere haben Angst vor Krankheit und Tod.

30 Auch die Angst will mich auf einen Schatz hinweisen, der unter ihr verborgen liegt. Doch dazu ist es notwendig, daß ich die Angst annehme und sie anschaue. Ich muß die Angst zulassen und mich in sie hineinspüren. Wenn ich etwa Angst habe vor dem Verlust eines Menschen, Angst, daß eine Beziehung in Brüche gehen könnte, dann muß ich sie zugeben und mir sagen: Ja, es kann sein, daß die Beziehung auseinandergeht. Und ich habe Angst, allein zu sein, an meiner Einsamkeit zu leiden. Die Angst konfrontiert mich mit meiner Einsamkeit. Doch wenn ich zu meiner Einsamkeit ja sage, dann kann mich die Angst auf den Grund meines Daseins führen.

31 Die Angst führt mich zu den Grundfragen meiner Existenz. Warum lebe ich, wonach sehne ich mich, wofür lebe ich? Was ist der Sinn meines Lebens? Und letztlich führt mich jede Angst vor die Frage des Todes. In jeder Angst steckt ein Stück Todesangst. Die Verlustangst, die Versagens-

angst, die Angst vor der Sinnlosigkeit und die vielen andern Ängste sind alle nur Variationen der Angst vor unserer Endlichkeit, vor unserem Tod. Wenn ich mich meiner Angst stelle, dann kann sie verwandelt werden in eine neue Qualität von Leben, dann spüre ich das Geheimnis meines Lebens. Letztlich ist es eine religiöse Erfahrung, die ich dann machen kann. Ich erahne den Grund meines Lebens, Gott, der mich trägt, der meinem Leben Sinn gibt und der auch den Tod überwindet.

September

1 Die Verwandlung des Menschen geht immer auch über seinen Leib … Der Leib drückt aus, ob der Mensch sich an seinem Ego festhält oder ob er durchlässig ist für Gott, für das Sein, für das Wesen … Wer an sich selbst festhält, dem ist das wahre Leben verschlossen. Er wird alle Wirklichkeit mit seinem fixierenden Blick betrachten und kann daher nicht zum Grund, zum Sein vordringen.

2 Die Verwandlung des Menschen zeigt sich für Graf Dürckheim an seiner Körperhaltung. Der Mensch hat nicht nur einen Leib, sondern er ist sein Leib … Jede Haltung im Leib drückt daher eine seelische Haltung aus. Die Verspanntheit in den Muskeln, etwa im Nacken oder in den Schultern, ist Zeichen „der Haltung eines Mißtrauens, einer Angst, eines Widerstandes oder der Abwehr. So gesehen, löst sich die eigentliche Spannung nicht durch einen physischen Eingriff, sondern durch eine andere Haltung des Menschen, eine Haltung des Vertrauens“ (Dürckheim, Meditieren 120). Die Verwandlung des Leibes ist daher nicht nur ein äußeres Ändern der Körperhaltung, sondern deutet eine innere Wandlung an. Ja, durch

eine andere Haltung im Leib kann ich eine seelische Haltung einüben.

3 Die Körperhaltung ist nicht nur ein Weg, mehr Selbstvertrauen einzuüben. Vielmehr drückt sich darin meine Beziehung zu Gott aus. Ob ich für Gott durchlässig bin oder nicht, das zeigt sich an meiner festhaltenden oder loslassenden Haltung, an der richtigen Form, in der ich stehe. Das Ziel der Arbeit am Leib ist die „Transparenz zum eigenen Wesen hin". „Die Durchlässigkeit im Leibe befähigt uns zu zweierlei: das uns immanente Wesen und in ihm das überweltliche Sein in der Sprache des Leibes zu ahnen, vielleicht sogar zu spüren, und zum anderen, ihm die Möglichkeit zu geben, seinem Inbild gemäß im Leibe des Menschen Gestalt zu gewinnen" (ebd. 121f).

4 Indem der Mensch in Berührung kommt mit dem Sein, indem er das Eingebundensein in die Liebe erfährt, indem die Dankbarkeit in ihm durchbricht, daß alles gut ist und alles stimmt, wandelt sich für ihn die ganze Welt. Und er erlebt sich selbst anders, er ist in Beziehung zu sich selbst und zu Gott als dem Grund, der ihn trägt, als der Liebe, die ihn durchdringt.

5 Ein wichtiger Wandlungsweg ist der Atem. Es geht nicht um eine bestimmte Atemtechnik, sondern um das Zulassen des natürlichen Atems ... Manche Menschen können nur bis zum Herzen atmen. Sie haben keine Beziehung zu ihren Gefühlen, geschweige denn mit ihrer Vitalität und Sexualität. Die Arbeit am Atem macht ihnen ihre Verdrängungen und Fehlhaltungen bewußt, aber zugleich bewirkt sie auch eine innere Verwandlung. Wenn nach langem Üben der Atem beim Ausatmen bis in den Unterbauch vordringt, dann ist der Atmende in Berührung mit seinen Gefühlen und seiner Sexualität. Wenn der Atmende am Ende des Ausatmens einen Augenblick innehält und sich ganz fallen läßt, dann ist in ihm Vertrauen gewachsen ... Indem wir uns im Atmen loslassen, üben wir auch die innere Haltung des Vertrauens ein. In der Übung geschieht Verwandlung.

6 Neben der Haltung, dem Atem und der Bewegung gibt es noch andere Übungen im Leib, die die Verwandlung zum wahren Selbst fördern. Da wäre vor allem das Singen zu nennen. In der Stimme drückt sich die Seele aus. Oft genug kann das wahre Selbst nicht durch die Stimme hindurchtönen, weil man an sich selbst festhält ... Im Singen kann ich in Berührung kommen mit den eigenen Gefühlen, mit der inneren „Gestimmtheit“, mit der „Stimmigkeit“ von Leib und Seele.

7 Wenn ich die Gefühle wahrnehme, beachte und sie benenne, können sie sich langsam wandeln. Dieser Weg der Wandlung geht über den Leib, in dem sich die Gefühle manifestieren. Ich analysiere die Gefühle nicht, sondern erspüre sie im Leib. Dort haben sie sich festgemacht. Indem sie dort wahrgenommen und ins Wort gefaßt werden, können sie sich wandeln.

8 Ein anderer Weg der Verwandlung des Leibes geht über die Krankheit. Auch in der Krankheit drückt sich meine Seele aus. Es geht nun nicht darum, die Krankheit in den Griff zu bekommen oder die psychischen Ursachen zu erkennen, um sie ändern zu können. In der Krankheit meldet sich vielmehr immer ein wichtiger Impuls zu Wort, den ich bisher verdrängt habe. Durch die Krankheit hindurch zeigt mir mein Leib, daß da etwas leben möchte, was ich bisher verhindert habe. So kann mich gerade die Krankheit auf neue Lebensmöglichkeiten hinweisen.

9 Wenn ich versuche, mich in die Krankheit hineinzuspüren, so kann ich auf dem Grund der Krankheit auf meine eigentliche Wahrheit stoßen, da kann auf einmal etwas von meinem Wesen, von meiner wirklichen Gestalt, sichtbar werden. Da sie meinen Leib am Funktionieren hindert, kann sie mir zeigen, daß etwas anderes in meinem Leib

aufscheinen, daß etwas von der Transzendenz sichtbar werden möchte.

10 Viele psychologisch geschulte Menschen versuchen, in der Krankheit ihre inneren Fehlhaltungen zu entdecken. Aber sie übersehen oft, was in der Krankheit zum Leben kommen möchte. Meine Krankheit ist auch meine größte Chance. Dort, wo ich ohnmächtig bin, wo ich mich nicht anders machen kann, da komme ich auch in Berührung mit meinem inneren Kern, mit meinem wahren Wesen, mit dem unverfälschten Bild, das Gott sich von mir gemacht hat und das in mir Gestalt werden will.

11 Wenn ich mich wandle in meinen Gefühlen, in meinen Träumen, in meinem Leib, dann werden auch meine Beziehungen anders. Und umgekehrt geschieht Verwandlung gerade durch die Begegnung mit andern Menschen. Jede Begegnung verwandelt uns. In der Begegnung mit einem Menschen entdecken wir, wer wir eigentlich sind, wir kommen in Berührung mit unserem wahren Wesen.

12 Begegnung geschieht immer nur in kurzen Augenblicken. Die Beziehung zwischen den Menschen dagegen spiegelt ein dauerndes Verhältnis wider. Die Verwandlung des einzelnen wirkt sich

auf seine Beziehungen aus. Wir können die Verwandlung des Menschen in einer Beziehung und die Wandlung der Beziehung selbst beobachten. Beides hängt eng miteinander zusammen. Meine Verwandlung verändert meine Beziehungen und die Wandlung der Beziehung wirkt sich auf den Prozeß meines Reifens und Wachsens aus.

13 Viele verlieren sich selbst in der Beziehung zu andern. Sie geben andern soviel Macht über sich, daß sie nicht mehr sie selber sind. Sie werden von der Stimmung der andern bestimmt, aber auch von ihren Erwartungen und Ansprüchen. Oder sie erliegen den Projektionsmechanismen, die sich in Beziehungen häufig abspielen. Sie werden durch die Projektionen anderer festgelegt. Die Verwandlung eines Menschen ist noch unvollkommen, wenn sich nicht auch seine Beziehungen wandeln. Wenn er in der alten Umgebung wieder zum alten Menschen wird, der er vor der Therapie war, dann hat die Begleitung nichts genützt. Die Begleitung braucht oft einen Schutzraum, in dem einen die alten krankmachenden Beziehungen nicht erreichen. Aber dann muß sie mit dem Ratsuchenden das Leben in den alten Beziehungen einüben, damit er dort seine Identität bewahren kann. Und wenn er frei von seinen Projektionen geworden ist, wird in die Beziehung Bewegung kommen. Da wird er erst den inneren Reichtum des andern entdekken.

14 Martin Buber hat die verwandelnde Kraft der Begegnung zum Mittelpunkt seiner Philosophie gemacht. Ich gehe anders aus einer Begegnung heraus, als ich hineingegangen bin. Schon der wohlwollende Blick des andern wandelt mich. Er bringt mich in Berührung mit dem eigenen Wohlwollen, mit der Liebe, die in mir oft genug verborgen schlummert und darauf wartet, von einem liebenden Menschen aufgeweckt zu werden. Dornröschen braucht den Prinzen, der sie durch seinen Kuß aus dem Schlafe weckt. Es ist letztlich immer eine Liebesverwandlung, die uns in der Begegnung zuteil wird.

15 Wir brauchen den liebenden Blick, die vorurteilslose Begegnung, um den Schatz in uns zu entdecken und zu heben. Ich entdecke mein Ich gerade am Du. Die Begegnung mit dem Du läßt mich erkennen, was das tiefste Geheimnis meines Selbsts ist. Und sie bewirkt, daß mein Selbst aus dem Chaos meiner verschiedenen Gedanken und Gefühle, aus dem Durcheinander meiner Rollen und Masken, klar hervortritt und immer mehr zu seiner wahren Gestalt heranwächst.

16 Wer gewandelt aus der Tiefe steigt, wie Goldmarie im Märchen „Frau Holle“, dessen Beziehung zur Arbeit wird sich wandeln. Er wird durch seine Arbeit nicht mehr überfordert, son-

dern sie aus der inneren Quelle hervorsprudeln lassen, mit der er in Berührung gekommen ist. Goldmarie hat sich im Reich der Frau Holle dem Mütterlichen Urgrund anvertraut. Sie hat sich selber losgelassen und wurde so mit reichen Gaben beschenkt, während Pechmarie alles nur für sich wollte. Die Erfahrung einer andern Ebene, auf der ich mich einem Größeren anvertraue, auf der ich mich letztlich Gott überlasse, wird mir helfen, mich nicht mehr von der Arbeit her zu definieren.

17 Die innere Freiheit zur Arbeit kommt aus der Erfahrung der inneren Quelle, zu der einer vorstößt, wenn er sich von Gott wandeln läßt. Er wird dann Arbeit nicht mehr nur als Leistung verstehen, die alle seine Kräfte erfordert. Vielmehr wird die Arbeit wie von selbst aus der inneren Quelle strömen.

18 Fromme Menschen meinen oft, sie müßten zur Arbeit hinzu nun auch noch ein Pensum an geistlichen Übungen leisten. Und sie fühlen sich sehr schnell überfordert. Wer durch sein geistliches Leben die Verwandlung in der Tiefe seines Herzens erfahren hat, der sieht Arbeit und Gebet nicht als zwei Forderungen, die er erfüllen muß, sondern als eine innere Einheit, als zwei Pole, die sich gegenseitig bedingen. Der Pol des Gebets ist für den Gegenpol der Arbeit wichtig, damit er nicht

maßlos wird. Und der Pol der Arbeit bewahrt das Gebet davor, daß es zu einem frommen Narzißmus verkommt.

19 Gebet ist keine Leistung neben der Arbeit, sondern die Erfahrung der inneren Quelle, aus der heraus die Arbeit fließen will. Die Arbeit wird dann keine krampfhafte Leistung mehr. Ich muß mich darin nicht mehr beweisen. Sie bekommt vielmehr etwas Fließendes, Weiches, Fruchtbares. Sie wächst aus der Quelle, und wird nicht mehr mit Gewalt aus mir hervorgepreßt. Und sie entsteht aus einer tieferen Dimension, aus der Beziehung zu Gott, der in der Arbeit sein Werk schaffen möchte.

20 Wenn durch meine Arbeit um mich herum nur Unfrieden entsteht, nur Aggressivität, nur Unruhe, oder wenn meine Arbeit zum leeren Aktivismus wird, zum ständigen Wiederholen des immer Gleichen, dann ist das ein Zeichen für Verfestigung und Verhärtung und nicht für Verwandlung. Wenn aber durch meine Arbeit sich um mich herum etwas verwandelt, wenn neue Beziehungen möglich werden, gemeinsames Miteinander, Lust am gemeinsamen Projekt, neue Ideen, etwas in Bewegung zu bringen, etwas Neues anzupacken, dann zeugt das auch für die Verwandlung in mir selbst.

21 Geistliches Leben ist keine Leistung, die wir zu vollbringen haben, sondern ein innerer Weg, der uns mehr und mehr wandeln möchte. Im Geistlichen Leben lasse ich mich auf den Gott des Lebens ein, der sein göttliches Leben in mir durch viele Wandlungen hindurch entfalten will. Die innere Wandlung vollzieht sich spiralförmig. Es ist keine Einbahnstraße, auf der ich immer weiter voranschreite, sondern ein spiralförmiges Gehen, bei dem ich scheinbar immer wieder zum Ausgangspunkt zurückkomme, um mit neuer Kraft weiter zu gehen.

22 Jesus hat den Prozeß des inneren Wandels in einigen Gleichnissen beschrieben. Da ist etwa das Gleichnis vom Senfkorn, das langsam emporwächst zu einem Baum. Lange merken wir nichts von der Verwandlung. Aber auf einmal sind wir für andere zu einem Baum geworden, an den sie sich anlehnen, unter dessen Schatten sie Geborgenheit erfahren und in dessen Zweigen sie vergnügt leben können.

23 Der biblische Ausdruck für die Wandlung des Menschen ist Umkehr, Bekehrung ... Umkehren hat einen Weg vor Augen, auf dem ich umkehre, einen andern Weg einschlage, eine Wendung mache, mich wende. Wenden ist ja die Urwurzel

von Wandlung. Sich wenden, seinem Leben eine Wendung geben, das wandelt den Menschen.

24 Die Umkehr setzt voraus, daß ich einen falschen Weg gegangen bin. Oft ist der Irrweg oder Umweg die Bedingung für wirkliche Wandlung … Wenn ich umkehren will, muß ich erst den Irrweg anschauen und annehmen, den ich gegangen bin. Ich muß mich aussöhnen mit meiner Sünde, dann kann sie verwandelt werden in eine felix culpa, die das Exsultet an Ostern besingt.

25 Der Wandlungsweg des geistlichen Lebens geht vor allem über das Gebet und die Meditation. In der Meditation, so wie sie die frühen Mönche verstehen, geht es nicht darum, über ein Wort aus der Schrift nachzudenken, sondern sich durch das Wort mehr und mehr verwandeln zu lassen. Indem ich mir immer wieder ein Wort aus der Schrift vorsage und es mit dem Atem verbinde, verwandelt Gott selbst mich durch sein Wort, in dem er gegenwärtig und wirksam ist.

26 Das Wort ist für die Alten nie nur Träger von Informationen, sondern immer auch von Kraft. Es ist immer ein wirkmächtiges Wort, das Gott zu uns spricht. Indem wir das Wort meditieren, lassen wir Gott selbst an uns wirken. Das Wort bewirkt, was es besagt. In ihm verwandelt Gott

selber unser Denken. Er ermöglicht ein neues Denken, ein Umdenken.

27 Der Raum der Stille in uns ist für die Mystiker der Ort der Gottesgeburt. Gottesgeburt ist das tiefste Symbol der Verwandlung, die Gott uns zugedacht hat. Wenn Gott in uns geboren wird, dann wird alles neu, dann fangen die Dornen an, Rosen zu tragen, dann wird der Fels zur Quelle strömenden Wassers, die Wüste wird erblühen und unsere Dunkelheit hell.

28 Tiefe Verwandlung geschieht immer dann, wenn ich selbst ohnmächtig bin, wenn ich nichts mehr tun kann, sondern einfach aushalten muß, was mir widerfährt. Was Gnade ist und wie Gnade mich verwandeln kann, das erkenne ich erst, wenn ich nicht mehr weiter kann, wenn ich hilflos am Boden liege und eingestehen muß, daß ich mich nie ändern und verbessern werde, daß ich von mir aus nie mein Leben an Gott ausrichten werde. Die Erfahrung der Ohnmacht ist die Voraussetzung meiner tiefsten Verwandlung.

29 In jenem Leid, das uns widerfährt, steckt immer auch die Chance der Verwandlung. Natürlich verwandelt das Leid nicht automatisch. Es kann mich auch bitter machen und mich in mir selbst verschließen. Aber wenn ich mich dem Leid

stelle, das Gott mir zumutet, und es vor Gott aushalte, dann kann es mich im Tiefsten wandeln, dann kann es mich mit neuen Qualitäten meiner Seele in Berührung bringen, die mir sonst verschüttet sind.

30 Ein vorzüglicher Ort der Verwandlung kann auch die Krankheit sein. In der Krankheit reagiert mein Leib auf die Erfahrungen meines Lebens, auf meine Enttäuschungen, meinen Ärger, meine Überforderung. Die Krankheit zwingt mich, mein Lebenskonzept zu überprüfen, mich zu fragen, wo ich an der Wahrheit vorbeilebe. Die Krankheit ... kann mich in Berührung bringen mit meiner tiefsten Wahrheit, mit dem, was den Wert meines Lebens letztlich ausmacht. Die Krankheit muß nicht in erster Linie bekämpft werden, sondern sie will befragt werden, was sie mir sagen und wohin sie mich führen will. Wenn ich mich mit meiner Krankheit aussöhne, kann sie in mir einen Wandlungsprozeß hervorrufen, an dessen Ende der geläuterte und befreite, der erlöste und heile, der barmherzige und liebende Mensch stehen wird.

Oktober

1 Gebet ist Zwiegespräch des Menschen mit Gott. Dieser Begriff ist sicher wichtig und unabdingbar. Aber er führt leicht auch zu Mißverständnissen und Schwierigkeiten. Denn das Zwiegespräch mit Gott sieht eben anders aus als das Zwiegespräch mit einem Freund. Ich höre Gott nicht so, wie ich einen Freund höre. Und Gott gibt mir keine so klaren Antworten, wie ich sie von einem Freund erwarte.

2 Viele erfahren ihr Gebet nicht als Dialog, sondern eher als Monolog. Und sie fragen, ob sie da nicht gegen eine leere Wand reden. Andere tun sich schwer, Worte zu finden, um das Gespräch in Gang zu bringen. Gebet ist für sie anstrengend. Und oft geben sie es auf, weil sie nicht wissen, wie und was sie Gott sagen sollen. Um den Problemen, die viele mit dem Gebet haben, besser gerecht zu werden, kann ein anderer Begriff hilfreich sein: das Gebet als Begegnung.
Über das Geheimnis der Begegnung hat vor allem Martin Buber neu nachgedacht, der in seiner Schrift „Ich und Du“ das Du in der Begegnung zum Ausgangspunkt der eigenen Selbstfindung macht: „Ich werde am Du; Ich werdend spreche ich Du. Alles wirkliche Leben ist Begegnung.“

3 Der Mensch kommt zu sich selbst erst in der Begegnung mit einem Du, mit dem Du des Menschen, aber auch mit dem Du Gottes. Begegnung ist ein Geschehen, das die Begegnenden verwandelt. Ich komme anders aus einer Begegnung heraus, als ich hineingehe. Aber das Geschehen der Begegnung selbst ist nicht leicht begrifflich zu fassen. Es ist ein Geheimnis des andern und das Geheimnis Gottes.

4 Gebet als Begegnung des Menschen mit Gott ist immer ein Geschenk der Gnade Gottes an uns, nie unser Verdienst. Gott selber kommt uns aus freier Gnade entgegen. Wir können ihm nur begegnen, weil er uns begegnen will, weil er gegenwärtig ist und darauf wartet, daß auch wir da sind, bereit, ihm zu begegnen.

5 Die Bibel schildert uns in vielen Begegnungsgeschichten, was im Menschen verwandelt wird, wenn er Gott oder wenn er Jesus Christus begegnet. In der Begegnung mit Gott finden die Propheten zu ihrem Weg und sie treten mit neuem Selbstbewußtsein auf. In der Begegnung mit Jesus Christus werden Menschen gesund, sie richten sich auf, finden Mut, ja zu sich zu sagen, und sie entdecken ihre unantastbare Würde. In der Begegnung mit Jesus fühlen sich die Sünder von Gott angenommen und können sich nun selbst annehmen.

Sie sind auf einmal frei, sich Gott zu übergeben und ihren Besitz mit den Armen zu teilen (Vgl. Lk 19,1–10).

6 Der erste Akt des Gebetes ist, daß ich erst einmal mit mir selbst in Berührung komme. Das haben uns die Kirchenväter und früheren Mönche immer wieder gelehrt. So sagt Cyprian von Karthago: „Wie kannst du von Gott verlangen, daß er dich hört, wenn du dich selbst nicht hörst? Du willst, daß Gott an dich denkt, und du selber denkst nicht an dich."

7 Wenn ich sofort in fromme Worte oder Gefühle fliehe, so führt mich das Gebet nicht zu Gott, sondern nur in die weiten Räume meiner Phantasie. Ich muß erst ehrlich in mich selbst hineinhorchen. In der Begegnung mit Gott muß ich mir selbst begegnen. Dabei können wir nicht sagen, was zuerst kommt, die Selbstbegegnung als Voraussetzung für die Gottesbegegnung oder die Gottesbegegnung als Voraussetzung für die Selbstbegegnung. Beides bedingt sich gegenseitig und vertieft sich einander.

8 Wie kann ich zu dem Punkt vorstoßen, an dem ich wirklich Ich sagen kann? Ein Weg besteht darin, einfach immer wieder zu fragen: Wer bin ich? Dann werden mir spontan Antworten oder

Bilder kommen. Und zu jeder dieser Antworten sage ich dann: nein das bin ich nicht, das ist nur ein Teil von mir. Ich bin nicht der, für den mich meine Freunde halten, ich bin nicht der, für den ich mich selbst halte. Ich bin nicht identisch mit der Rolle, die ich bei Bekannten spiele, und nicht mit der Maske, die ich mir bei Fremden überstülpe. Ich kann beobachten, daß ich mich anders in der Kirche gebe als in der Öffentlichkeit. Wer bin ich wirklich?

9 Ich bin nicht identisch mit meinen Gefühlen und Gedanken. Die Gedanken und Gefühle sind in mir, aber das Ich geht nicht in ihnen auf, es ist jenseits allen Denkens und Fühlens zu suchen. Wir können dieses Ich definieren und festhalten. Aber indem wir immer tiefer in uns hineinfragen, werden wir eine Ahnung von dem Geheimnis des eigenen Ich bekommen. Ich, das ist mehr als sich von andern zu unterscheiden, mehr als der bewußte Personkern, mehr als das Ergebnis meiner Lebensgeschichte. Das Ich heißt: ich bin von Gott bei meinem Namen gerufen, mit einem unverwechselbaren Namen.

10 Mein Wesen besteht nicht in meiner Leistung, nicht in meinem Wissen, auch nicht in meinem Fühlen, sondern in dem Wort, das Gott nur in mir spricht und das nur in mir und durch mich in

dieser Welt vernehmbar werden kann. Sich selbst begegnen heißt daher, eine Ahnung von diesem einmaligen Wort Gottes in mir zu bekommen. Gott hat schon durch meine Existenz gesprochen, er hat sein Wort in mir gesagt. Beten als Selbstbegegnung heißt, in seinem innersten Geheimnis Gott zu begegnen, der mich in mir selbst angesprochen und sich in mir ausgesprochen hat.

11 Der zweite Schritt des Gebetes wäre die Begegnung mit Gott. Wir meinen oft, wir würden Gott doch längst kennen. Wir beten ja schon lange zu ihm. Wir haben ja schon genug von ihm gehört und können uns vorstellen, wer er ist. Aber stimmt das, was wir von Gott wissen, mit dem wirklichen Gott überein? Oder projizieren wir nur unsere Wünsche und Sehnsüchte auf Gott? Entstammen unsere Gottesbilder nur unserer Erziehung oder den Phantasien des eigenen Herzens?

12 Auf der einen Seite brauchen wir Bilder, um uns Gott vorzustellen und um ihm begegnen zu können. Aber auf der andern Seite müssen wir diese Bilder immer wieder übersteigen auf den eigentlichen Gott hin. Wir dürfen uns Gott nicht so niedlich vorstellen, nicht als den Kumpel, dem wir auf die Schulter klopfen. Es ist der unendliche Gott.

13 Wir können Gott nur in Gegensätzen denken. Gott ist der unendliche Schöpfer, aber er ist auch der, der sich jetzt um mich kümmert, der mich jetzt liebend anschaut. Gott ist der, der das große Universum geschaffen hat, aber er ist auch in mir, mir innerlicher als ich mir selbst bin. Gott ist der barmherzige Vater, der mich liebend aufnimmt, aber er ist auch der Herr, vor dem mir nichts anderes übrigbleibt, als vor ihm niederzufallen. Gott ist mir vertraut, weil er sich mir geoffenbart hat und weil ich ihm in mir selbst begegne, aber er ist zugleich der ganz Andere, Unverfügbare, Unverständliche.

14 Die Bilder, die wir uns von Gott machen, sind wie Fenster, durch die wir in die richtige Richtung schauen. Aber Gott ist jenseits der Bilder, er läßt sich nicht festlegen durch Bilder. Er ist immer der ganz andere, der unerklärliche, das Geheimnis schlechthin.

15 Wenn wir anfangen zu beten, tut es uns gut, hineinzuhorchen in das Geheimnis Gottes, alle Bilder zu übersteigen und etwas zu erahnen von dem immer größeren Gott. Auch hier werden wir nicht zu einem Punkt kommen, wo wir Gott definieren können, sondern wir werden nur sensibler werden für das Geheimnis des Gottes, dem wir im Gebet begegnen wollen.

16 Wenn ich allein bete, dann kommen mir manchmal Zweifel: Stimmt das denn alles, was du dir von Gott denkst, oder ist das nicht alles Einbildung? ... Wenn diese Zweifel kommen, versuche ich sie zu Ende zu denken. Ich sage mir: ja, das kann sein, daß alles nur Einbildung ist; alle religiöse Literatur ist nur Einbildung, Beruhigung des Menschen, daß er besser leben kann, Illusion, um die Augen vor der bitteren Wirklichkeit zu verschließen. Doch wenn ich das zu Ende denke, dann kommt eine tiefe Gewißheit in mir auf: nein, so absurd kann das menschliche Leben nicht sein. Ich kann mir einfach nicht vorstellen, daß all die Heiligen nur Illusionen nachgelaufen sind, daß alle Kultur nur Nervenberuhigung ist.

17 Es ist die Grundfrage, ob wir Menschen überhaupt etwas von der Wahrheit erkennen können oder ob wir nur im Dunkeln tappen und uns eine Illusion zurechtschneidern. Aber dann ist alles absurd. Wenn ich diese Absurdität zulasse, spüre ich nicht nur innere Gewißheit, sondern dann entscheide ich mich auch für die Alternative des Glaubens: ich will auf diese Karte setzen. Ich will einem heiligen Augustinus folgen und nicht den Skeptikern, die in der Absurdität des Daseins ihre Lebensphilosophie finden.

18 Im Glauben bekommt das Gebet eine neue Dimension. Ich darf mich an den Urgrund des Seins, an die Ursache der ganzen Schöpfung wenden als ein Du. Ich darf dieses Du ansprechen, das da hinter dem Schleier der sichtbaren Welt verborgen ist. Ja, dieser Gott, dieses geheimnisvolle Du hat mich zuvor angesprochen. Er ist eine Person, einer, der mich liebt, der den Schleier des Seins durchstoßen hat und mir in seinem Wort eine Ahnung von seinem Geheimnis eröffnet hat.

19 Wir können heute nicht mehr so naiv von Gott reden wie früher. Wir haben erfahren, daß selbst die Theologie von dem toten Gott sprach. Nach Gott Ausschau halten, das heißt, seine Abwesenheit auszuhalten und doch zugleich daran zu glauben, daß er nahe ist, daß seine liebende und heilende Gegenwart uns einhüllt, daß er in unserem Herzen ist. Gott begegnen, das heißt für uns, daß wir durch die Zweifel unserer Zeit hindurchgegangen sind und durch sie hindurch dem Gott trauen, der uns in Jesus Christus sein Herz geoffenbart hat.

20 Die Gottesfrage, die die Neuzeit radikaler als früher gestellt hat, könnte uns sensibler machen, was es heißt, diesem geheimnisvollen Gott, diesem Vater Jesu Christi begegnen zu können. Die Zweifel halten uns in unserer Suche nach dem

wahren Gott lebendig, sie hindern uns daran, uns vorschnell mit unserer Beziehung zufrieden zu geben. Wir müssen uns immer wieder neu in das Geheimnis Gottes vortasten.

21 Wenn ich in Gott hineinhorche, stoße ich auf das Geheimnis Jesu Christi. Und wenn ich diesen Menschen Jesus aus Nazareth zu Ende denke, dringe ich zum Geheimnis Gottes vor. Ich kann Jesus nur verstehen, wenn ich als seinen Urgrund Gott selbst erkenne. Zum Gebet gehört wesentlich diese Spannung: die Zweifel an Gott zu Ende denken und sie mit Jesus Christus konfrontieren; und Jesus Christus anschauen und in ihm Gott erspüren.

22 Der dritte Schritt besteht in dem, was wir Gebet nennen, im Sprechen mit Gott. Da fragen manche gleich: was soll ich denn Gott sagen, er weiß doch sowieso schon alles. Natürlich weiß Gott alles. Gott braucht auch mein Gebet nicht. Aber ich brauche das Gebet. Mir tut es gut, daß ich mich mit meinen innersten Nöten und Ahnungen an Gott wenden kann.

23 Was wäre, wenn wir uns nur an Menschen wenden könnten und nicht an Gott, den Urgrund allen Seins. Dann kämen wir uns im letzten unverstanden vor. Denn Menschen können unsere

letzten Fragen nicht beantworten. Sie können uns ein Stück Verständnis und Geborgenheit schenken. Aber mit unseren tiefsten Ahnungen und Sehnsüchten ließen sie uns allein. Wir würden in einer kalten und unverstandenen Welt leben.

24 Das Gebet gibt uns mitten in der Fremde und Unbehaustheit unseres Daseins das Gefühl von Geborgenheit, von Verstandensein und Angenommensein. Wir dürfen uns mit unseren Fragen an den wenden, der sie allein zu beantworten vermag. Gerade auf die Frage nach dem Leiden und nach dem Tod Unschuldiger kann uns kein Mensch wirklich antworten. Aber wir leben eben nicht im Raum des Absurden, sondern wir dürfen Gott, den Urgrund aller Welt, ansprechen.

25 Was soll ich nun Gott sagen? Ich soll ihm alles sagen, was in mir auftaucht. Ich soll mein Leben zur Sprache bringen, so wie es konkret ist. Ich kann Gott von Begegnungen mit Menschen erzählen, von dem, was mich gerade beschäftigt, von Ärger und Enttäuschung, von Freuden und schönen Erlebnissen, von Ängsten und Sorgen und von meiner Hoffnung. Das Gebet muß nicht fromm sein, es soll nur ehrlich sein, es soll wirklich mein Leben vor Gott ausbreiten.

26 Wenn mir Gott ferne rückt, dann rede ich darüber mit Ihm. Wenn ich ärgerlich werde, sage ich es Ihm. Und wenn mir nichts mehr einfällt, spreche ich mit Gott darüber, wieviel wichtiger mir andere Dinge sind als Er. Diese Weise des Betens ist allerdings keine Übung für jeden Tag, sonst würde sie zu einem Geplapper werden. Von Zeit zu Zeit, vor allem dann, wenn es in mir durcheinander und leer geworden ist, ist es eine gute Hilfe.

27 Das Gebet geht immer anders aus, als ich erwartet habe. Es zwingt mich in die Wahrheit. Ich kann Gott nichts vormachen. Ich muß ihm sagen, wie es wirklich mit mir steht. Es genügt nicht, ihm alles Mögliche zu erzählen, ich muß ihm meine innerste Wahrheit sagen. Nur dann wird mich das Gebet befreien. Denn die Wahrheit allein wird uns frei machen.

28 Wenn ich vor Gott sitze und auf ihn schaue, dann steigt von alleine auf, was wichtig ist. Vor allem regt sich das, was nicht recht war … Ich muß dann gar nicht nach meinen Fehlern und Sünden forschen. Indem ich Gott anschaue, entdecke ich selbst, was nicht recht war. Das Gebet ist dann der Ort, wo ich ungeschützt vor Gott bin, wo ich nichts zwischen ihn und mich halte, keine Worte, keine vorformulierten Gebete. Ich halte vielmehr mich selbst hin. Das zwingt mich in die Wahrheit.

29 Wir sollen im Gebet Gott unseren Mangel hinhalten, unsere Sehnsucht, unser Unvermögen an uns und unserem Leben. Und wir sollen Gott unsere Sünden hinhalten, unsere Schattenseiten. Das Gebet befreit nur dann, wenn ich Gott auch in meine Abgründe schauen lasse, in das Verdrängte, in das vom Leben ausgeschlossene, in die mörderischen Tendenzen meines Herzens, in das Falsche und Dunkle, in die Leidenschaften der Seele und in die Bedürfnisse und Wünsche, die unter der Oberfläche liegen.

30 Für viele ist Beten identisch mit Bitten. Das ist sicher zu einseitig. Aber dennoch ist auch das Bitten ein wesentlicher Teil der Begegnung mit Gott. Ich darf Gott um alles bitten, was mir wichtig ist. Bitten heißt zunächst, daß ich meine Bedürfnisse und Wünsche zugebe, daß ich Gott sage, was mir fehlt und wonach ich mich sehne. Bedürfnisse und Wünsche gehören wesentlich zu mir. Und es wäre Stolz, sie zu verdrängen oder sie aus der Begegnung mit Gott herauszuhalten. Ich darf vor Gott alles aussprechen, auch meine Wünsche und Bedürfnisse, auch meine Nöte und Schwierigkeiten.

31 Ich darf Gott zutrauen, daß er mich versteht und daß er meine Wünsche ernst nimmt. Doch zugleich lasse ich mich im Bitten von Gott in Fra-

ge stellen. Indem ich Ihm in aller Freiheit meine Wünsche sage, bekomme ich auch schon Abstand dazu. Ich halte sie Gott hin und lasse mich von Ihm in Frage stellen. Bitten ist dann ein Ringen mit Gott, an dessen Ende die Ergebung in Gottes Willen steht. Aber ich muß mich eben nicht sofort in Gottes Willen ergeben, sondern darf Ihm durchaus meine eigenen Vorstellungen und Wünsche sagen.

November

1 Im Gebet begegne ich nicht nur Gott, sondern auch in neuer Weise meinen Brüdern und Schwestern. Wenn ich für einen andern Menschen bete, dann sehe ich ihn mit neuen Augen. Ich lasse meine Vorurteile los und sehe ihn mit den Augen Gottes. Das bringt mich in eine neue Beziehung zu ihm.

2 Für den andern beten bedeutet nicht, nur eine kurze Fürbitte zu formulieren. Vor allem aber heißt es nicht, Gott vorzuschreiben, was er am andern tun soll … Dann kann keine Begegnung stattfinden. Für den andern beten bedeutet: ich stelle mir den andern vor, fühle mich in ihn hinein. Wonach sehnt er sich, worunter leidet er, welche Gedanken und Gefühle bewegen ihn, wenn er allein ist, wenn er betet? Was täte ihm wirklich gut?

3 Wenn ich mich eine zeitlang in den andern hineingefühlt habe, kann ich Gott bitten, daß er ihm das schenken möge, was er braucht, daß er ihn segnen möge. Ich kann versuchen, ihm zu wünschen, was ihm gut tut. Aber bald werde ich mer-

ken, daß ich mit meinen Worten nicht weiterkomme. Mir fallen keine neuen Worte mehr ein. Dann kann ich immer nur wiederholen: Herr segne ihn, segne sie.

4 Die Verbindung im Gebet ist jenseits von Verstand und Gefühl, sie geschieht auf dem Grund der Seele. Sie kann von Gefühlen des Wohlwollens und der Liebe begleitet sein, muß aber nicht. Entscheidend ist, daß ich mich auf dem Grund meiner Seele für Gott öffne und in Gott auch für das innerste Geheimnis des Menschen, für den ich bete. Je tiefer ich mich Gott öffne, desto mehr öffnet er mich den Menschen gegenüber.

5 Das Gebet für den andern ändert zunächst einmal mich. Ich sehe den andern mit neuen Augen, nicht mehr von meinem Ärger oder meiner Enttäuschung her, sondern von Gott her. So bekomme ich neue Hoffnung für ihn. Ich kann ihm dann auch in der Wirklichkeit anders begegnen. Wenn ich mit einem eine Auseinandersetzung hatte, fühle ich mich irgendwie blockiert, wenn ich ihm das nächste Mal begegne. Wenn ich dagegen für ihn gebetet habe, kann ich ihm unbefangen gegenübertreten. Das Gebet hat mich verändert und ermöglicht so auch ein neues Miteinander.

6 Das Gebet verändert aber nicht nur mich, sondern auch den andern. Einmal kann der andere auch mir anders begegnen, wenn von mir eine positivere Ausstrahlung ausgeht. Zum andern fühlen sich Menschen in tiefer Weise angenommen und mit uns verbunden, wenn wir für sie beten. Wenn Menschen wissen, daß wir in unserer Ordensgemeinschaft jeden Morgen und Abend für sie beten, dann fühlen sie sich mit uns verbunden, dann fühlen sie sich nicht mehr einsam. Mir hat ein junger Mann geschrieben, wie gut es ihm tut, morgens beim Aufstehen daran zu denken, daß er nicht in einen leeren und fremden Raum hinein aufstehe, sondern in einen Raum, der vom Gebet durchdrungen ist.

7 Das Gebet hat auch eine Wirkung auf den andern, selbst wenn der andere nicht weiß, daß wir für ihn beten ... Wir wissen nicht, wer die wirklichen Veränderungen im menschlichen Geist bewirkt, wer etwa bei so großen Umwälzungen in der Friedenspolitik wirklich die Mauern zwischen den Völkern und Menschen niederreißt, ob die Voraussetzungen dafür durch die Demonstrationen oder durch das Gebet bereitet werden. Zumindest dürfen wir darauf vertrauen, daß von unserem Gebet für die andern eine Bewegung ausgeht.

8 Das Gebet für den andern führt aber nicht nur zu einer neuen Begegnung mit dem Menschen, für den wir beten, sondern es vertieft auch die Begegnung mit Gott. Gerade wenn ich für einen Menschen bete, den ich liebe, kann mich das Gebet in eine größere Nähe zu Gott bringen. Der andere wird dann ein Bild, durch das hindurch ich auf Gott schauen kann. Und Gott bekommt durch den andern ein menschliches Antlitz. Und meine Liebe zu Gott wird getragen von den Gefühlen zum geliebten Menschen.

9 Ein Ort der Begegnung mit Gott oder mit Jesus Christus ist die Anbetung. Das Phänomen der Anbetung gibt es in allen Religionen ... In der Anbetung falle ich vor Gott nieder, weil Gott Gott ist. Ich will nichts von ihm erbitten, ich will durch die Anbetung auch nichts erreichen, weder schöne Gefühle, noch Gelassenheit und Ruhe. Ich spreche in der Anbetung nicht über meine Probleme, ich lobe mich nicht, ich tadle mich nicht, ich falle einfach vor Gott nieder, weil er mein Herr ist, weil er mein Schöpfer ist.

10 In der Anbetung bekenne ich, daß ich ganz und gar von Gott abhängig und mit allen Fasern meines Wesens auf ihn bezogen und angewie-

sen bin, daß ich nichts in mir habe, was ich nicht von ihm empfangen habe. Und ich bekenne, daß er mein Herr ist, das Ziel meiner Sehnsucht. Es bleibt mir nichts anderes übrig, als staunend und anbetend vor ihm niederzufallen.

11 In der Anbetung versuche ich, allein auf meinen Gott zu schauen. Ich vergesse mich selbst, weil Gott mich ganz und gar ergriffen hat, weil er allein wichtig ist für mich. Das Paradox ist, daß ich im Vergessen meiner selbst ganz gegenwärtig werde, ganz echt, ganz ich selbst. Da beschäftigen mich keine Probleme, keine Menschen, da erfüllt Gott mich ganz und gar. In der Anbetung steckt die Sehnsucht, endlich einmal frei zu sein vor mir selbst, frei zu sein von dem ständigen Kreisen um mich, von der Sucht, alles auf mich zu beziehen, überall etwas für mich haben zu wollen.

12 Indem ich mich vergesse, bin ich ganz frei, ganz von Gott ergriffen. Jetzt ist nichts anderes mehr wichtig. Meine Probleme sind nicht mehr wichtig, meine Schuld nicht mehr, mein psychischer Zustand nicht. Nur Gott allein zählt. Georges Bernanos sagt einmal, es sei eine große Gnade, sich selbst anzunehmen. Wir wissen, daß wir dazu ein ganzes Leben brauchen. Aber die Gnade aller Gnaden, so sagt er, ist, sich selbst vergessen zu können. Wenn ich mich selbst vergesse, bin ich ganz

frei von mir geworden. Doch das kann ich nicht selber machen, sondern nur, wenn mich Gott ergreift und ich mich von meinem Gott ergreifen lasse.

13 Indem ich mich vergesse, komme ich zur Ruhe, da hört der Lärm meiner Gedanken und Gefühle auf. Da bin ich endlich angekommen, da bin ich nach langem Suchen endlich daheim. Daheim sein kann man nur, wenn man vor dem Geheimnis niederfällt. Anbetung ist die Erfahrung von Heimat. Wenn wir vor dem Geheimnis Gottes niederfallen, sind wir wirklich angekommen.

14 Der Mensch sucht sein Leben lang nach dem, vor dem er niederfallen kann, der alle seine Kräfte bindet und alle Sehnsüchte und Bedürfnisse erfüllt. Das Urbild solcher Anbetung ist die Huldigung der Magier, die auf die Sehnsucht ihres Herzens hören, auf den Stern, der am Firmament ihres Herzens aufgetaucht ist, und die sich nun aufmachen, das göttliche Kind zu suchen. Sie gehen verschlungene Wege, um endlich in das Haus einzutreten, in dem sie wahrhaft zu Hause sein können, in das Haus, in dem Maria und das Kind wohnen.

15 Die Anbetung geschieht nicht im Kopf, sondern mit dem ganzen Leib. Die Urgebärde der Anbetung ist, daß sich der Mensch ganz und gar

vor Gott hinwirft. Aber wir beten Gott auch an, wenn wir uns vor ihm verneigen, oder wenn wir vor ihm sitzen und die offenen Hände ihm hinhalten. Auf jeden Fall drängt die Anbetung dazu, sie auch leibhaft auszudrücken. Alle Kräfte in uns wollen gebunden sein. Der Leib ist eine Hilfe, daß auch unser Geist zur Ruhe kommt, daß alles in uns in der Gebärde gesammelt und auf Gott hin ausgerichtet wird.

16 Anbetung heißt, ganz und gar auf Gott bezogen sein, als ganzer in der Beziehung zu Gott sein. Wir brauchen dann keine Angst vor irgendwelchen Gedanken und Gefühlen in uns zu haben. Es ist nur wichtig, daß sie auf Gott bezogen und von ihm umfaßt sind. Wenn alles in die Begegnung mit Gott hineingehalten wird, dann wird alles in uns lebendig, alles wird verwandelt ... Das Leben mancher Christen spielt sich in wenigen Räumen ihres Leibes ab. Die Begegnung mit Gott in der Anbetung will alle Räume in uns aufschließen und überall den liebenden und belebenden Blick Gottes hineinlassen.

17 In der christlichen Tradition ist Anbetung zumeist eucharistische Anbetung. Wir beten den im verwandelten Brot gegenwärtigen Jesus Christus an. Die eucharistische Anbetung entstand, als im Mittelalter die Eucharistiefeier für die Volks-

frömmigkeit ihre Bedeutung verlor ... Das betende Verweilen vor der verwandelten Hostie entspricht sicher nicht dem biblischen Verständnis von Eucharistie, aber es ist dennoch ein legitimer Ausdruck unserer Sehnsucht, beim Herrn zu sein und liebend mit ihm eins zu werden. Dabei darf die Anbetung aber nie ihre innere Verbindung mit der Feier der Eucharistie verlieren. Sie ist die Fortsetzung der gemeinsamen Liturgie in der Liturgie des Herzens.

18 Anbetung heißt, Jesus Christus begegnen, der sich für mich persönlich hingibt, der mich so liebt, daß er für mich gestorben ist. Anbetung ist die schweigende Betrachtung der Kreuzeshingabe Jesu, die wir in der Eucharistie gefeiert haben, in gewissem Sinn die meditative Fortsetzung der Eucharistiefeier. In der Liebe Jesu, die im Brot greifbar und sichtbar ist, können unsere Wunden ausheilen, da bekommen wir einen andern Blick für unsere Einsamkeit, für unsere Ängste, für unseren Ärger. Wir schauen auf den, der uns liebt.

19 Je mehr ich auf Christus schaue, desto mehr komme ich in Berührung mit meinem eigenen Wesen. Je präsenter mir das Du Christi ist, desto präsenter werde ich ... Da kann mein Herz bei Christus zur Ruhe kommen. Da spüre ich, daß ich einfach vor Ihm sein darf, ohne daß ich etwas

müßte oder sollte. Ich darf einfach sein. Es ist gut so. Es genügt, vor Ihm zu sein, absichtslos wie in einer Freundschaft.

20 Die Anbetung wurde in der Tradition häufig mit der Herz-Jesu-Verehrung verbunden. Von daher bekommt die Begegnung mit Jesus Christus in der Hostie nochmals eine andere Färbung. Ich begegne Christus mir dem durchbohrten Herzen. Christus hat sich für uns verwunden lassen, er hat sein Herz zerbrechen lassen, damit wir nicht zerbrechen an unserem Leben. Und er hat sich für uns durchbohren lassen, um offen zu sein für uns alle.

21 Herz ist ein Urwort, ein Urbild. Es bezeichnet das Innerste des Menschen, den Menschen, insofern er fühlen und lieben kann. Das geöffnete Herz Jesu Christi ist nach dem Johannesevangelium die Quelle, aus der der Heilige Geist auf die ganze Menschheit ausgegossen wird. Während seines Lebens hat Jesus nur die Menschen geheilt und nur denen seine Herrlichkeit gezeigt, die ihn gesehen und berührt haben. Im Tod wird das Wirken Jesu entgrenzt auf die ganze Welt hin. Da wird der Geist Jesu ausgegossen auf alle Menschen, die bereit sind zu glauben.

22 In der Begegnung mit dem verwundeten Herzen kann ich auch einen Weg finden, anders mit meinen Wunden umzugehen. Am liebsten möchte ich ja meine Wunden nicht mehr spüren. Ich will sie loshaben. Sie sollen nicht mehr weh tun. Ich versuche, sie durch Gebete oder durch psychologische Techniken so zuheilen zu lassen, daß sie keine Spuren mehr zurücklassen, daß ihre Narben völlig verschwinden. Gleichzeitig spüre ich, daß das nicht geht. Immer wieder werde ich an meinen empfindlichen Stellen getroffen und die Wunden brechen wieder neu auf. Das Herz Jesu zeigt mir einen andern Weg. Es ist gar nicht so wichtig, daß meine Wunden zuheilen. Sie müssen verwandelt werden.

23 Wenn ich mich nicht ständig über meine Empfindlichkeit ärgere, sondern mich damit aussöhne, dann kann sie zum Segen für andere werden. Dann ziehe ich mich nicht beleidigt zurück, wenn es weh tut, und ich beschimpfe mich nicht, daß ich immer noch so verletzbar bin, sondern ich wende mich in meiner Kränkung und in meiner Ohnmacht an Gott. Gott kann meine Empfindlichkeit zu einer Quelle des Lebens verwandeln, indem er mich darin ganz und gar auf seine Gnade verweist, die allein zu heilen vermag.

24 Indem wir alle, die uns am Herzen liegen, in das offene Herz Jesu halten, können wir Hoffnung für sie schöpfen. Wir spüren, daß dieses Herz auch für sie offensteht und daß es uns alle verwandeln möchte, damit es auch die Menschen erreiche, die den Weg zum Tabernakel nicht finden.

25 Die Begegnung im Gebet geschieht nicht nur, wenn ich mich bewußt vor Gott stelle, sondern sie soll eine bleibende Grundhaltung des Menschen werden. Die Tradition des Mönchtums spricht vom unablässigen Gebet oder vom immerwährenden inneren Gebet … Das ganze Leben soll geprägt werden von der Begegnung mit Gott. Ich lebe ständig vor ihm, vor seinen Augen, von ihm liebend und wohlwollend angeschaut. Die Begegnung mit Gott prägt mein ganzes Leben, mein Arbeiten und Ruhen, mein Denken und Fühlen, mein Sprechen und Schweigen.

26 Die Mönche haben Methoden entwickelt, die uns helfen können, aus der Begegnung mit Gott immer und überall zu leben. Es ist das sogenannte innere Gebet, das immer in uns ist und uns nie genommen werden kann … Das sogenannte Jesusgebet wurde vor allem in der Ostkirche zum Meditationsweg schlechthin … Es besteht im ständigen Wiederholen der Worte: „Herr Jesus Christus, Sohn Gottes, erbarme dich meiner!“ Dabei

kann das Jesusgebet auch nur auf den Namen Jesus reduziert werden, den man dann mit dem Ausatmen verbindet.

27 Wenn ich immer wieder bete: „Jesus Christus, erbarme dich meiner“, so ist das weniger ein inständiges Bitten um das Erbarmen, sondern ein dankbares Wissen um dieses Erbarmen, ein Dank an den barmherzigen Gott. So bewirkt dieses Gebet mit der Zeit einen tiefen inneren Frieden und eine stille Freude über den Gott, vor dem ich sein darf, wie ich bin, auch schwach und sündhaft. Und so werde ich allmählich selber barmherziger mit mir.

28 Das Jesusgebet atmet das Vertrauen, daß dieser Jesus Christus in mir ist. Er ist nicht der, der in ferner Vergangenheit gelebt hat, sondern er ist in mir … In der Wärme, die der Atem im Herzen erzeugt, kann ich seine liebende und barmherzige Gegenwart erahnen. Das Spüren des Atems im Herzen entlastet den Kopf, der sich normalerweise beim Gebet immer wieder störend meldet und uns mit immer neuen Gedanken in Unruhe versetzt. Im Herzen, das vom Atem warm wird, können wir in Jesus Christus zur Ruhe kommen. Wir begegnen ihm nicht nur in einem kurzen Augenblick, sondern wir bleiben in der Begegnung.

29 Das Leben aus der Begegnung mit Jesus muß ganz konkret eingeübt werden. Es ist uns nicht in den Schoß gelegt. Die Mönche üben es, indem sie das Jesusgebet überall und jederzeit beten. Aber um es immer beten zu können, muß ich es erst einmal an bestimmten Punkten des Tages beten. Ich soll es an bestimmte Tätigkeiten knüpfen. Wenn ich z.B. morgens aufwache, soll ich bewußt das Jesusgebet sprechen. Wenn ich aus dem Haus gehe, wenn ich zur Arbeit fahre, wenn ich ein Haus betrete, wenn ich zu Menschen komme, beim Stundenschlag der Turmuhr, beim Klingeln des Telefons, überall könnte ich das Jesusgebet sprechen.

30 Wenn mich die äußeren Dinge an die Gegenwart Jesu Christi erinnern, der sich meiner erbarmt, dann wird mein Leben anders. Es wird nicht mehr geprägt von den äußeren Ereignissen, sondern in allem begegne ich Jesus Christus. Und aus der Begegnung mit Christus heraus begegne ich dann den Menschen und Situationen meines Alltags auf neue Weise.

Dezember

1 Es wäre eine gute Übung in der Adventszeit, wenn wir uns öfter einmal still hinsetzen, bewußt gar nichts tun, sondern einfach in uns hineinhorchen und uns fragen: Worauf warte ich eigentlich? Wonach sehne ich mich? Was könnte mein Leben erfüllen? Was fehlt mir?

2 Im Psalm 130 heißt es: „Meine Seele wartet auf den Herrn, mehr als die Wächter auf den Morgen.“ Was es heißt, im Advent auf das Kommen Gottes zu warten, wird uns deutlich, wenn wir das Warten auf einen geliebten Menschen betrachten. Während wir auf den Ersehnten warten, malen wir uns aus, wie es sein wird, wenn der Erwartete kommt. Oft werden unsere Erwartungen nicht eingelöst. Wir erwarten mehr, als uns der Erwartete schenken kann.

3 Im Advent stellen wir uns der Realität und zugleich unseren Sehnsüchten, die die Wirklichkeit unseres Lebens übersteigen. Wir bekennen, daß unsere Sehnsucht so groß ist, daß sie uns nichts und niemand erfüllen kann. Auch der größte Erfolg, auch das beste Prüfungsergebnis, auch der schönste Urlaub kann unsere Sehnsucht nicht

einlösen. Gerade in ganz intensiven Erlebnissen steigt in uns eine Sehnsucht auf, die noch mehr erwartet, die den Augenblick festhalten will oder noch eine Steigerung erhofft.

4 Wenn wir einen Menschen lieben und im Gespräch mit ihm eine tiefe Übereinstimmung spüren und darin an ein Geheimnis rühren, das uns übersteigt, dann tauchen zugleich mit der Erfüllung neue Sehnsüchte auf. Wenn ein lieber Mensch uns das Erlebnis tiefer Geborgenheit schenkt, dann erahnen wir zugleich eine Geborgenheit und Liebe, die noch tiefer sind, als die, die wir erfahren. Es steigt in uns eine Sehnsucht nach endgültiger Geborgenheit auf, eine Ahnung davon, sich ganz in die Arme eines andern fallen zu lassen und für immer angenommen, daheim, geborgen zu sein.

5 Jede tiefe Erfahrung weist über sich hinaus und ruft in uns etwas wach, das nur von Gott her zur Ruhe kommen kann. Wer sich seine Sehnsucht selbst beruhigen will, der braucht immer mehr Erfolge, immer mehr Genuß, immer mehr Zuwendung, immer mehr Liebe. Und er überfordert sich selbst damit und er überfordert die Menschen, von denen er diese Liebe erwartet. Denn er erwartet dann von einem Menschen, was letztlich nur Gott zu schenken vermag.

6 Wenn wir uns in unserer Sehnsucht von den Menschen auf Gott verweisen lassen, dann hält uns die Sehnsucht lebendig. Wir bleiben wach, wir strecken uns über die eigenen Grenzen hin aus und wachsen über unsere Enge hinaus.

7 Im Advent sollten wir getrost all unsere Enttäuschungen anschauen. Mein Freund, mein Ehepartner, die Gemeinschaft, in der ich lebe, sie sind alle so durchschnittlich. Ich habe mehr erwartet von ihnen. Mein Beruf füllt mich nicht aus. Da ist soviel Routine und Alltag. Doch statt darüber zu jammern, sollte ich mir sagen: es ist gut, daß das so ist, daß ich darin nicht meine letzte Erfüllung finde, daß die Menschen meinen Erwartungen nicht gerecht werden. Denn das läßt mich meine Sehnsucht auf Gott richten. Das treibt mich zu Gott.

8 Gerade die Banalität meines Lebens wird meine Sehnsucht nach Gott wachhalten. Und so kann ich Advent feiern, das Warten, daß Gott selbst in dieses Leben, in diese Durchschnittlichkeit tritt und damit alles verwandelt.

9 Viele können die Sehnsucht nicht aushalten. Sie müssen sie zustopfen. Und so wird ihre Sehnsucht in Sucht pervertiert. Man wird süchtig, weil man sich der eigentlichen Sehnsucht im Her-

zen nicht stellen mag oder es nicht mehr kann. Die Angst vor der Lücke, die die Sehnsucht in uns aufdeckt, ist so stark geworden, daß man das Loch in sich unter allen Umständen zudecken muß. Man würde sonst verunsichert in seinem Lebensentwurf, der ganz auf die Erfüllung diesseitiger Wünsche ausgerichtet ist.

10 In der Adventszeit stellen wir uns bewußt unseren unbefriedigten Bedürfnissen und Wünschen. Wir schauen über den Zaun unseres Lebens. Der Blick in das Land der Verheißung läßt in uns die Sehnsucht wachsen, auszuziehen und uns nicht im Vertrauten und Bekannten für immer einzurichten.

11 In der Adventszeit hören wir die Verheißungen Gottes, wie sie uns die Propheten überliefert haben. Da wird uns verkündet, daß Wasser mitten in der Wüste aufbrechen, daß die Schwerter zu Pflugscharen umgeschmiedet werden und der Wolf und das Lamm, der Panther und die Ziege friedlich beisammen wohnen werden. Das sind keine frommen Illusionen, in die uns die Propheten einlullen wollen. Es sind vielmehr Träume, in denen wir unsere eigenen Möglichkeiten entdekken. Es sind die Träume Gottes von uns.

12 Im Alten Testament spielt der Gedanke der Erlösung eine zentrale Rolle. Dabei denken die Israeliten vor allem an ihre persönliche Situation, ihre alltäglichen Nöte und Bedrängnisse, an Angst und Verzweiflung, an Resignation und Enttäuschung. Aber sie haben auch die Bedrängnisse des Volkes im Blick, Gefangenschaft, Krieg, Hungersnot und Seuchen. Gott erlöst sie, wenn sie zu ihm gehen und um Hilfe bitten.

13 Gott schützt uns, er heilt unsere Wunden, unsere Krankheiten. Er ist uns Halt und Stütze. Er reißt uns heraus aus der Not, aus dem tiefen Schlamm, aus gewaltigen Wassern, aus der Hand der Feinde. Hier wird deutlich, daß Erlösung etwas mit unserem alltäglichen Leben zu tun hat, und daß man sie nicht einseitig in die Vergangenheit verlegen und nur auf die Schuld gegenüber Gott beschränken darf.

14 Israel gerät in seiner Geschichte häufig in Not und Unheil, in Gefangenschaft und Unterdrükkung. Und immer wieder errettet es Jahwe daraus. Daher kennen die meisten Schriften des Alten Testaments nicht eine Erlösung durch eine einmalige Tat, sondern Gottes erlösendes Wirken durch die Jahrhunderte hindurch.

15 Jahwe wird einen neuen Bund schaffen und sein Gesetz in das Innere der Menschen legen. Er wird den Menschen ein neues Herz geben, damit sie auf neue Weise miteinander leben, damit sie einander lieben und Gott erkennen können. Und er wird die Zerstreuten aus allen Ländern heimführen nach Jerusalem, das erfüllt sein wird von der Erkenntnis des Herrn. Hier wird das Bild einer neuen Gesellschaft entworfen, „ die nicht mehr den jetzt überall geltenden Strukturen unterliegt" (N. Lohfink, Heil als Befreiung in Israel, 50). Die Herrschaft Gottes hebt die Herrschaft von Menschen über Menschen auf und schafft ein neues Volk.

16 Die Not ist vielfältig. Da ist einmal die Schuld des Menschen, in die er sich verstrickt und die dann auch soziale Auswirkungen hat. Es gibt kein Vertrauen mehr in die Menschheit. Der Turmbau zu Babel zeigt den Größenwahn des Menschen, der dann in der Zerstreuung und Feindschaft endet.

17 Not, aus der Gott Israel errettet, ist die Krankheit des Menschen, die ihn unversehens trifft, der Tod, der ihn bedroht, Armut, Ablehnung, Verachtung, Einsamkeit. Dann die vielfältigen Bedrohungen durch Naturgewalten, durch Unglück und Unfall, und die Bedrohung durch Feinde, durch

Menschen, die mir nachstellen, durch Frevler, die sich nicht nach dem Gebot Gottes richten.

18 Die Bedrohung durch Feinde zielt im Alten Testament nicht immer nur auf konkrete Menschen, sondern meint die Bedrohung des Menschen überhaupt. Sie wird oft in einer mythologischen Sprache beschrieben und bezieht sich dann auf die inneren Bedrängnisse, die Bedrohung durch den eigenen Schatten, durch die Tiefen der eigene Seele, durch böse Mächte, die in uns wirken.

19 Not wird im Alten Testament oft in ihrer sozialen und politischen Dimension beschrieben, als Unterdrückung durch die fremden Völker, als Knechtschaft, Sklaverei, Unfreiheit, Ausbeutung. Die Erlösung ist für das Alte Testament zwar immer wieder in der Vergangenheit geschehen, gerade durch die Großtaten Gottes, die man im Kult jährlich feiert und an die man sich im Gebet oft erinnert. Aber für das Alte Testament geschieht Erlösung immer wieder. Gott ist seit alters her der Erlöser. Er befreit die Menschen heute aus ihren Nöten, er vergibt ihnen heute ihre Schuld.

20 Das Alte Testament sagt uns, daß die Erlösung nicht auf Jesus Christus beschränkt ist, als ob Gott erst in der Menschwerdung seines Sohnes auf die Idee gekommen wäre, die Menschen zu er-

lösen. Gott ist seit jeher der Erlöser und Heiland. Er hat immer schon den Menschen ihre Schuld vergeben … Und er hat immer schon Menschen aus Nöten errettet, Krankheiten geheilt und ein ganzes Volk aus der Fremdherrschaft und Knechtschaft befreit. Mit Jesus Christus beginnt nicht die Erlösung, sondern in ihm kommt sie zur Vollendung.

21 Wenn Gott kommt, dann wird die Wüste in unserem Herzen erblühen, dann wird mitten in unserer Leere und in unserer Dürre ein Quell aufbrechen und uns lebendig machen. Oder wie es das andere Bild des Propheten ausdrückt, das wir in diesen Tagen immer wieder verwenden: Tau wird sich vom Himmel niederlassen und die Erde befruchten. Die Wolken des Himmels sollen den Gerechten herabregnen, damit neues Leben aufkeime, damit unsere Welt wieder bewohnbar werde.

22 In unseren Breiten wurden die Dunkelheit und die Kälte zu Symbolen unserer Welt, die auf das Kommen des Herrn wartet. In der Dunkelheit können wir uns nicht mehr orientieren, fühlen wir uns hilflos, allein gelassen. Wir finden keinen Weg nach Hause.

23 In der Dunkelheit klammern wir uns an die Menschen, die in unserer Nähe stehen, um nicht in ein Loch zu fallen. Die Angst vor der Haltlosigkeit unseres Daseins treibt uns dazu, uns an Menschen festzuhalten. Wir erwarten von ihnen Halt in unserer Haltlosigkeit. Doch damit überfordern wir jeden Menschen. Keiner kann uns letzten Halt geben. Denn die Dunkelheit gefährdet auch ihn.

24 Augustinus sagt in einer seiner Weihnachtspredigten: „Unser Herr Jesus Christus, der auf ewig Schöpfer von allem ist, wurde heute in seiner Geburt aus der Mutter unser Retter. Aus freier Entscheidung wurde er heute für uns in der Zeit geboren, um uns in die Ewigkeit des Vaters zu führen. Gott ist Mensch geworden, um den Menschen zu vergöttlichen."

25 Die Kirchenväter hatten noch ein Gespür dafür, daß wir an Weihnachten unser eigenes Fest feiern, das Fest unserer Erlösung. Die Geburt Christi hat eine Auswirkung auf uns, sie hat uns vergöttlicht. Und so feiern wir an Weihnachten das Fest unseres neuen Anfangs. Unsere Sehnsüchte gehen letztlich auf die Vergöttlichung des Menschen.

26 Wenn Gott selbst kommt und uns vergöttlicht, dann ist unsere Ahnung erfüllt worden, daß es doch eine Liebe geben muß, die keine Grenzen kennt, daß es doch eine Heimat geben muß, in der wir für immer daheim sein können, daß doch das Licht endgültig alle Dunkelheit und Kälte vertreiben wird. An Weihnachten feiern wir die Erfüllung unserer Sehnsüchte.

27 Wir feiern an Weihnachten die Geburt Gottes in uns. Das hat Angelus Silesius in den bekannten Worten ausgedrückt: „Wird Christus tausendmal in Bethlehem geboren und nicht in dir, du bleibst doch ewiglich verloren."

28 Nach Johannes Tauler sind alle Leiden dieser Zeit nur die Geburtswehen für die Geburt Gottes in unserer Seele. Und für C.G. Jung ist die Gottesgeburt im Menschen das Ziel der menschlichen Selbstwerdung. Wenn Gott im Menschen geboren wird, dann kommt er von dem kleinen Ich weg zu seinem eigentlichen Wesen, zum Selbst.

29 Der Mensch kann die Gottesgeburt nicht mit eigenen Mitteln hervorrufen. Es ist das Werk Gottes selbst. Indem wir die Geburt Christi an

Weihnachten feiern, können wir etwas davon erahnen, daß er auch in uns geboren werden will. Für die deutschen Mystiker ist das Schweigen der Ort, an dem Gott in uns geboren wird.

30 In uns sehen wir oft nur das Dunkle, das Durcheinander, die Grenzen und Schwächen. Wir erleben uns oft weit weg von Gott. Da muß uns ein Fest vor Augen führen, daß Gott in der Krippe im Stall geboren wird, von Ochs und Esel umgeben, und daß gerade die Hirten, die wenig vornehmen Teile unserer Seele, kommen müssen, um dieses Kind anzubeten, während unser Verstand als der edelste Teil zurückbleibt mit seinen Entschuldigungen: wir haben keinen Platz in der Herberge.

31 Das Weihnachtsgeheimnis wird am Fest Erscheinung des Herrn weiter entfaltet. In den Sterndeutern, die sich aus dem Osten aufmachten, um das göttliche Kind zu suchen, hat sich das Volk selbst gesehen und in zahlreichen Legenden ihre Geschichte entfaltet. Die Magier kommen aus dem Osten, dort , wo die Sonne aufgeht. Sie schauen in die Nacht, erforschen die Sterne. Sie sind Menschen, die nach innen schauen, auf die Ahnungen des Herzens … Und sie brechen auf, sie

folgen dem Stern. Sie schlagen ihre Ahnungen nicht wieder mit vielen vernünftigen Gründen tot, so wie Herodes, der sich sofort an die Schriftgelehrten wendet, an den Verstand, um wieder alles einordnen und damit beherrschen zu können … Sowohl die Sterndeuter wie Herodes zeigen uns auf, wie wir auf die Ahnungen unseres Herzens reagieren können. Das Fest will uns einladen, wie die Sterndeuter uns aufzumachen und dem Stern zu folgen, der uns zu dem göttlichen Kind führt.

Quellennachweis

1. Januar–31. Januar
Der Anspruch des Schweigens. Vier Türme Verlag, Münsterschwarzach

1. Februar–28. Februar
Fasten. Beten mit Leib und Seele. Vier Türme Verlag, Münsterschwarzach

1. März–31. März und 1. April–30. April
Leben aus dem Tod. Vier Türme Verlag, Münsterschwarzach

1. Mai–31. Mai und 1. Juni–30. Juni
Glauben als Umdeuten. Glauben – lieben – leben. Vier Türme Verlag, Münsterschwarzach

1. Juli–31. Juli
Auf dem Wege. Zu einer Theologie des Wanderns. Vier Türme Verlag, Münsterschwarzach

1. August–31. August und
1. September–30. September
Verwandlung. Eine vergessene Dimension geistlichen Lebens. Matthias-Grünewald-Verlag, Mainz

1. Oktober–31. Oktober und
1. November–30. November
Gebet als Begegnung. Vier Türme Verlag, Münsterschwarzach
1. Dezember–11. Dezember
Heilendes Kirchenjahr. Das Kirchenjahr als Psychodrama. Vier Türme Verlag, Münsterschwarzach

12. Dezember–20. Dezember
Biblische Bilder von Erlösung. Vier Türme Verlag, Münsterschwarzach

21. Dezember–31. Dezember
Heilendes Kirchenjahr. Vier Türme Verlag, Münsterschwarzach